RACISMO
NA INFÂNCIA

EDITORA AFILIADA

Coordenadora do Conselho Editorial de Serviço Social
Maria Liduína de Oliveira e Silva

Conselho Editorial de Serviço Social
Ademir Alves da Silva
Dilséa Adeodata Bonetti *(in memoriam)*
Elaine Rossetti Behring
Ivete Simionatto
Maria Lúcia Carvalho da Silva *(in memoriam)*
Maria Lucia Silva Barroco

Dados Internacionais de Catalogação na Publicação (CIP)
(Câmara Brasileira do Livro, SP, Brasil)

Eurico, Márcia Campos
  Racismo na infância / Márcia Campos Eurico. — 1. ed. — São
Paulo : Cortez, 2020.

  Bibliografia
  ISBN 978-65-5555-018-4

  1. Crianças negras 2. Discriminação racial - Brasil 3. Família -
Aspectos sociais 4. Infância 5. Preconceitos 6. Racismo 7. Relações
étnico-raciais I. Título.

20-42772   CDD-305.8

Índices para catálogo sistemático:
1. Racismo : Sociologia   305.8

Maria Alice Ferreira - Bibliotecária - CRB-8/7964

MÁRCIA CAMPOS EURICO

RACISMO NA INFÂNCIA

1ª edição

2ª reimpressão

RACISMO NA INFÂNCIA
Márcia Campos Eurico

Capa: de Sign Arte Visual
Preparação de originais: Ana Paula Luccisano
Revisão: Maria de Lourdes de Almeida
Diagramação: Linea Editora
Editora-assistente: Priscila F. Augusto
Coordenação editorial: Danilo A. Q. Morales

Nenhuma parte desta obra pode ser reproduzida ou duplicada
sem autorização expressa da autora e do editor.

© 2020 by Autora

Direitos para esta edição
CORTEZ EDITORA
R. Monte Alegre, 1074 — Perdizes
05014-001 — São Paulo-SP
Tel.: +55 11 3864 0111 / 3611 9616
cortez@cortezeditora.com.br
www.cortezeditora.com.br

Impresso no Brasil — fevereiro de 2024

À Mabel Assis (*in memoriam*)

Sumário

Prefácio | *Magali da Silva Almeida* 9
Introdução 15

PARTE I
As múltiplas determinações da questão étnico-racial no Brasil: contribuições para o debate

Capítulo I | A função social do racismo e o mito da
 democracia racial 33
 1.1 A escravidão e a presença negra na formação
  econômica e cultural da sociedade brasileira 35
 1.2 A complexidade das relações étnico-raciais no
  Brasil: metamorfoses na transição do século XIX
  para o século XX 50
 1.3 O mito da democracia racial e sua funcionalidade
  na contemporaneidade 58
 1.4 As conexões fundamentais entre classe social,
  raça/etnia e a questão de gênero: algumas
  particularidades da realidade brasileira 68

PARTE II
Quem diz que protege, não cuida: minúcias do racismo na infância

Capítulo II | Desvelando o racismo institucional no
acolhimento de crianças e adolescentes negras(os) 81

2.1 A discriminação étnico-racial: a realidade nos dados
estatísticos 87

2.2 Família: cada um tem a sua! 94

2.3 Além do horizonte: o percurso da pesquisa de campo .. 102

2.4 Era uma casa muito engraçada 108

2.5 Família brasileira... Dois contra o mundo 120

2.6 Não é sobre cabelos ou tranças! É sobre racismo
na infância! 142

Considerações finais 153

Referências 163

Prefácio

Escrever o prefácio do livro da Professora Doutora Márcia Campos Eurico foi um ato de agradecimento a sua generosidade. Contudo, o cenário da crise política e sanitária brasileira, agravada pelo avanço exponencial da pandemia de Covid-19 e de sua expansão na periferia, atingindo mormente a população negra e pobre, ratificou o mérito desta obra. Refletir sobre a conjuntura e o peso do racismo estrutural no capitalismo, como propõe a autora, levou-me a duas considerações importantes. Primeiro, a urgência da crítica do racismo e seus efeitos indeléveis sobre a vida da população negra no Brasil. Segundo, a relevância do estudo realizado pela autora sobre análise das raízes do racismo no Brasil a partir de sua base histórica, material e ideológica, com enfoque na infância e juventude negras em situação de acolhimento institucional, realidade que precisa ser enfrentada.

O Estatuto da Criança e do Adolescente (ECA) foi uma conquista da sociedade no que tange à garantia de direitos da criança e do adolescente. Todavia, a desigualdade social é profunda no Brasil, expondo as crianças e adolescentes negras a intensas violações de Direitos Humanos, exigindo do Estado políticas públicas para sua atenção. Entretanto, Santos (2015) salienta que fatores como gênero e os aspectos raciais e étnicos são variáveis de grande influência na produção das desigualdades. Por mais de 30 anos a sociedade civil, os movimentos sociais (com destaque para o movimento negro, feministas e LGBTQI+) moveram esforços importantes para a democratização do Estado brasileiro e a formulação de políticas públicas para enfrentamentos do racismo, do machismo, da heteronormatividade e da pobreza.

A análise *per si* das políticas públicas no Brasil demonstra que a transversalidade étnico-racial e de gênero, embora se constitua pauta da agenda dos movimentos sociais para a democratização e universalização substantiva das políticas públicas, sua incorporação pelo Estado se deu de forma lenta e desigual na seguridade social e demais políticas.

Em 2018, o Ministério de Desenvolvimento Social lançou a campanha *SUAS Sem Racismo: Promoção da Igualdade Racial no Sistema Único de Assistência Social*, ação pouco conhecida por gestores, técnicos e a população usuária. Essa campanha, que vai ao encontro das necessidades de enfrentamento do racismo institucional, não ganhou visibilidade, demonstrando a falta de vontade política do atual governo em promover ações transversais de combate ao racismo, o que evidencia a força do silêncio na naturalização da desigualdade racial.

Esse preâmbulo, tal qual a contextualização que encerra, apesar dos elementos sucintamente apresentados, serve de pano de fundo para situar a importância do livro *Racismo na infância*, fruto do doutorado, em 2018, da autora.

O racismo estrutural e o racismo institucional incidem sobre a vida das famílias negras, limitando sua capacidade de reprodução social e de proteção de seus membros. Pensar a infância e a adolescência negras é desvelar os processos históricos da escravidão; suas consequências para as famílias negras, cujos vínculos serão dilacerados em vista de fixação dos corpos negros em condições de trabalho extenuantes nas plantações, nas ruas, nas casas grandes das fazendas. A vivência diminuta da infância para as meninas e os meninos escravizados na Colônia e no Império decorre de seus corpos serem requeridos para o trabalho precoce. Embora sua presença se estabeleça em variadas atividades econômicas, há poucos registros de sua presença nesses períodos. Ariza (2018) afiança que os filhos de escravizadas são personagens fugidios da história da escravidão brasileira. Sua presença passa a ser observada nos documentos após a

Lei do Ventre Livre, e a infância escravizada ganha espaço no debate público somente quando atingiu interesses econômicos dos escravocratas. Na República, as famílias negras, longe de serem amparadas pelo Estado, serão representadas como "inferiores", e "inadaptadas" ao processo de industrialização em curso. A infância e adolescência negras, novamente desumanizadas, serão requeridas para o trabalho infantil em atividades de menor valor com vistas ao disciplinamento e à moralização pelo trabalho.

A realidade das crianças negras acolhidas, como demonstrado na investigação, é marcada por vivências de humilhações, solidão, maus-tratos, inferiorização, naturalizado pelo racismo institucional, fazendo-as "desaparecem do mapa" e da história. Literalmente, do mapa da Covid-19, do mapa da violência doméstica, do mapa da educação brasileira, do mapa da violência letal, do mapa do sistema de acolhimento institucional, da presença nas ruas, para situar alguns dos *lócus* históricos de institucionalização da infância "periculosa" no Brasil, como são construídas e representadas as crianças negras, suas famílias, suas comunidades de pertencimento, pelo Estado e seus agentes e pelos setores da classe dominante.

Mulher negra, mãe, assistente social, docente e militante antirracista e feminista, Márcia Campos Eurico traz a público um tema bastante árido, de difícil desvelar, que é o racismo na infância e na adolescência.

Afora as denúncias e lutas travadas pelo Movimento Negro e de Mulheres Negras brasileiras e das Entidades Representativas do Serviço Social na formulação de políticas públicas para o enfrentamento de racismo estrutural e institucional na infância, o resultado é um retumbante silêncio, mas não só. Há também práticas de racialização com forte teor colonial, empregadas pelo Estado e seus(suas) agentes, pelo lastro da religiosidade conservadora, atribuindo às famílias negras, historicamente desprotegidas, a responsabilidade pelo não "sucesso educacional e de mobilidade social" das crianças e adolescentes negras(os) sendo impelidas(os) ao trabalho precoce.

É preciso abrir a "lata do lixo", digo inspirada em Lélia Gonzalez. A sociedade precisa conhecer as experiências pedagógicas oferecidas para nossas crianças negras, conduzidas pelas irmandades religiosas, comunidades de terreiros, clubes recreativos, escolas de samba, grupos de afoxés, rodas de capoeira, sobre as quais pouco ou nada se conhece. Restou para a comunidade negra o descaso do Estado, a punição e a humilhação. O 14 de maio de 1888 deixou a população negra entregue à própria sorte. Nas palavras da Deputada Federal Benedita da Silva, "a escravidão mudou do chicote para a caneta. Da caneta para a exclusão". Mediante a ausência de políticas protetivas, em favor de políticas disciplinares e de embranquecimento, o Estado brasileiro definiu caminhos de subjugação das crianças negras (meninas ou meninos). Fato é que o racismo estrutural naturaliza as discriminações e alimenta a lógica do trabalho extenuante e disciplinado na infância, estruturado desde o passado escravista colonial e imperial e que permanece nos dias atuais. Dessarte, como afirma Ferreira (2014), o colonialismo antecede o capitalismo enquanto sistema mundial, mas o acompanha em todas as suas fases. Segundo o autor, a "expansão europeia do século XVI tem o colonialismo como seu componente central e são as relações de produção e acumulação primitiva (...) que tornam o capitalismo possível 'como modo de produção'". (p. 255)

Marcia Campos Eurico progride sua pesquisa, de forma ousada, crítica e competente, focada nos Serviços de Acolhimento Institucional de Crianças e Adolescentes (Saicas) e as diversas violações de direitos a que as crianças e adolescentes negros estão submetidos no cotidiano dessas instituições.

A relevância da investigação é a constituição de um campo de produção de conhecimento inovador em Serviço Social que intersecciona raça, gênero, geração e classe na política de assistência social. Traz à luz processos de racialização dos corpos negros na infância, reiterando o racismo estrutural e institucional. Vejo com muita propriedade a contribuição de Marcia Eurico, cujos resultados da pesquisa apontam a presença dos efeitos deletérios do racismo na constituição da subjetividade das crianças em situação de abrigamento, a imposição de beleza eurocêntrica e o despreparo das equipes para a realização de um projeto de educação para as relações étnico-raciais. Racismo na infância é maus-tratos. Prevalece o processo educativo pautado em conteúdos culturais brancos em seus processos formativos desde a tenra infância. Uma política racial deliberada de embranquecimento e negação do legado africano e afro-brasileiro como valor humano e civilizatório. Nossas crianças e adolescentes negras(os) em situação de acolhimento ou que moram na rua são invisíveis, mesmo sob a ótica dos organismos públicos ou privados signatários de uma visão progressista. As reflexões e conclusões deste livro afirmam o compromisso ético-político do Serviço Social brasileiro no combate ao racismo em defesa da emancipação infantojuvenil de segmentos da população negra e de suas famílias como sujeitos e acesso às políticas de desenvolvimento social e aos direitos socioassistenciais.

Magali da Silva Almeida
Coordenadora do Programa de
Pós-Graduação em Serviço Social da UFBA

Inverno de 2020

Referências

ARIZA, Marília B. A. Crianças/ventre livre. *In:* SCHWARCZ, Lilia M.; GOMES, Flavio (org.). *Dicionário da escravidão e liberdade.* São Paulo: Companhia das Letras, 2018.

FERREIRA, Andrey C. Colonialismo, capitalismo e segmentaridade: nacionalismo e internacionalismo na teoria e política anticolonial e pós-colonial. *Revista Sociedade e Estado.* v. 29. n. 1. jan./abr. 2014, p. 255-288.

SANTOS, Sonia Beatriz dos. Famílias negras: uma perspectiva sobre raça, gênero e educação. *Revista Fórum Identidades Itabaiana: Gepiadde.* Ano 9, v. 17, 2015, p. 115-158.

Introdução

> "Cada árvore [...] nos diz que, para ter qualquer aspiração, precisamos estar bem assentados e que, por mais alto que possamos chegar, é de nossas raízes que tiramos nossa base de sustentação".
> (Wangari Maathai)[1]

Este livro se apresenta como um dos desdobramentos de meu trabalho enquanto assistente social, identidade profissional erigida sobre a minha condição de mulher, negra, militante, nascida e criada na periferia da região leste da cidade de São Paulo e que desde a infância sente o quanto a ideologia racista impacta de maneira violenta na vida das famílias negras brasileiras.

O esforço para captar a incidência do racismo na infância e adolescência resultou na pesquisa de doutoramento realizado no Programa de Estudos Pós-graduados em Serviço Social da Pontifícia

---

1. Wangari Maathai nasceu no Quênia e foi a primeira mulher negra africana da África Oriental a receber o grau de Doutora em Ciências no ano de 1971. A trajetória de lutas a favor do desenvolvimento sustentável, dos direitos das mulheres e da democracia é reconhecida internacionalmente. Em 2004, tornou-se a primeira mulher africana a receber o Prêmio Nobel da Paz pelo trabalho articulado de reflorestamento com o plantio de mais de 30 milhões de árvores, a defesa das crianças e dos animais, a partir da premissa de que é preciso pensar no futuro, mesmo quando o presente é tão duro. (Prévot, 2013).

Universidade Católica de São Paulo[2], a partir das minhas inquietações acerca da persistente realidade de crianças e adolescentes negras(os) nos Serviços de Acolhimento Institucional de Crianças e Adolescentes (Saicas), preteridas(os) nos processos de adoção, e de que maneira o Sistema de Garantia de Direitos enfrenta essa face do racismo institucional e busca medidas para minimizar seus impactos sobre esse grupo populacional.

A formação em Serviço Social me oportuniza o acesso a referenciais teóricos, que explicam a realidade enquanto processo dinâmico e contraditório, cujas interfaces só podem ser desveladas na processualidade das relações sociais. O modo de ser da profissão sofreu imensas transformações desde seu surgimento no Brasil, em 1936. A gênese do Serviço Social brasileiro está intrinsecamente ligada à necessidade de intervir na questão social[3], que se agudiza nas primeiras décadas do século XX, no processo de desenvolvimento do modo de produção capitalista. Entre o conservadorismo que marca a gênese da profissão no Brasil e projeto ético-político profissional que orienta o trabalho atual se passaram 84 anos e hegemonicamente as(os) assistentes sociais reafirmam que somente a análise crítica orientada pela tradição marxista permite a apreensão do movimento de transformação da realidade social.

É dessa quadra histórica a ideia de que a(o) assistente social, enquanto trabalhadora(or) assalariada(o), desempenha suas funções

---

2. A tese foi defendida em 2018, no Programa de Estudos Pós-graduados em Serviço Social da Pontifícia Universidade Católica de São Paulo (PUC-SP), com o título: *Preta, preta, pretinha: o racismo institucional no cotidiano de crianças e adolescentes negras(os) acolhidas(os)*, sob orientação da Prof.ª Dra. Maria Lúcia Silva Barroco.

3. "O Serviço Social tem na questão social a base de sua fundação como especialização do trabalho. Questão social apreendida como o conjunto das expressões das desigualdades da sociedade capitalista madura, que tem uma raiz comum: a produção social é cada vez mais coletiva, o trabalho torna-se mais amplamente social, enquanto a apropriação dos seus frutos mantém-se privada, monopolizada por uma parte da sociedade... A produção fruto de um trabalho cada vez mais coletivo, contrastando com a desigual distribuição da riqueza entre grupos e classes sociais nos vários países, o que sofre a decisiva interferência da ação do Estado e dos governos." (Iamamoto, 1999, p. 27)

na contraditória relação capital/trabalho, está inserida(o) na divisão social e técnica do trabalho e constata que não existe neutralidade no seu fazer profissional. A consciência da sua inserção de classe impõe um posicionamento ético-político, isso em função de um novo projeto profissional, que se consolida, a partir da década de 1980, no contexto de redemocratização da sociedade brasileira e de reorganização política dos movimentos sociais e entidades de classe dos trabalhadores.

O período, entretanto, é emblemático para o avanço da luta contra o preconceito e a discriminação étnico-racial, quer seja em âmbito nacional, quer seja internacionalmente. Várias formas de resistência e de lutas são protagonizadas pela população negra ao redor do mundo e a profissão, ao questionar o conservadorismo, que marca sua origem, se desloca gradativamente para a análise da realidade social, a partir da perspectiva marxista, que compreende a luta social como decorrente da luta de classes.

Se o Serviço Social é parte e expressão da sociedade e o debate étnico-racial ecoa com maior intensidade no processo de redemocratização do país, a intervenção protagonizada por várias mulheres negras, assistentes sociais e militantes[4], junto ao coletivo profissional, denunciando a persistência do racismo e a necessidade de apropriação teórica dessa temática será referendada pelas profissionais que integram a gestão do Conselho Federal de Serviço Social (CFSS) no período de 1990-1993, e, pela primeira vez na história da profissão, a questão da não discriminação aparece como um dos princípios

---

4. Conforme afirma a professora Dra. Magali da Silva Almeida: "Primeiramente o debate sobre o racismo, preconceito e discriminação racial da população negra remete a uma inquietação da sociedade brasileira, sobretudo nos anos de 1980. A conjuntura expressava a ascensão de vários movimentos sociais importantes, dentre os protagonistas estavam os movimentos negros. A Constituinte em 1988 consagra a criminalização do racismo, legitimando a luta antirracista no Brasil, historicamente protagonizada pelas negras e negros. Neste mesmo ano, ocorria a celebração oficial dos 100 anos da Abolição, e o então presidente José Sarney reforça o '13 de maio' como a data celebrativa prestando homenagem à princesa Isabel. Os Movimentos Negros (MN) se organizam nacionalmente com o intuito de desmascarar a falácia da 'democracia racial', reforçando seu caráter de mito, e como militante do MN nos engajamos na construção da Marcha Contra a Farsa da Abolição". (Almeida, 2013, p. 231)

fundamentais do Código de Ética Profissional do(a) Assistente Social, aprovado em 1993. A trajetória das mulheres negras, assistentes sociais, que travaram batalhas importantíssimas e abriram caminho para o debate étnico-racial no espaço acadêmico, a partir da década de 1980, ainda carece de um registro rigoroso, que nos permita apreender melhor o debate étnico-racial no interior da profissão naquele período.

Seguramente, os debates protagonizados pelas(os) profissionais engajadas(os) na luta antirracista representam um marco na profissão, à medida que permitem desvelar as determinações presentes na vida social e que requerem outras mediações que permitam a análise do movimento do real, naquilo que representam as particularidades da população negra brasileira.

Os avanços continuam e a tarefa que se coloca como urgente é desvendar nas tramas do real a intrínseca relação entre questão étnico-racial e questão social, à luz da teoria marxista, ação que não se coloca apenas como modismo, como tarefa particular de assistentes sociais negras(os), mas como uma imperiosa tarefa do coletivo profissional, à medida que a fragmentação da análise possa produzir pesquisas e intervenções no âmbito das políticas públicas, com um cariz de modernidade, mas apoiadas em posturas conservadoras e autoritárias.

A percepção cotidiana dessa realidade emblemática e o acúmulo teórico adquirido com a pesquisa de Mestrado suscitam novas responsabilidades em relação a uma questão tão cara à sociedade brasileira, o que me leva a investigar a essência do racismo institucional[5] e as justificativas reproduzidas pelo senso comum, que visam reforçar o mito da democracia racial ao invés de possibilitar a crítica do quão perversa é a desigualdade étnico-racial no Brasil.

---

5. "Fracasso das instituições e organizações em prover um serviço profissional e adequado às pessoas devido à sua cor, cultura, origem racial ou étnica. Ele se manifesta em normas, práticas e comportamentos discriminatórios adotados no cotidiano do trabalho, os quais são resultantes da ignorância, da falta de atenção, do preconceito ou de estereótipos racistas. Em qualquer caso, o racismo institucional sempre coloca pessoas de grupos raciais ou étnicos discriminados em situação de desvantagem no acesso a benefícios gerados pelo Estado e por demais instituições e organizações". (DFID/PNUD, 2005, p. 6)

RACISMO NA INFÂNCIA

O cenário atual de constante segregação e desqualificação da população negra tem, como um de seus efeitos, o alto índice de acolhimento institucional de crianças e adolescentes negras(os). Entende-se que uma ação mais assertiva deve esmiuçar as raízes do racismo, que faz dessas crianças e adolescentes o alvo majoritário de políticas de controle e acolhimento institucional, em vez de ações pautadas na perspectiva de que são pessoas em situação peculiar de desenvolvimento, sujeitos de direitos, dentre eles o direito à convivência familiar e comunitária em ambiente que favoreça seu desenvolvimento de maneira saudável.

Na elaboração da pesquisa, buscamos salientar a articulação importante entre raça e classe, elementos que estão na base da formação social do Brasil. Estes se configuram como diferenciais necessários da pesquisa, à medida que possibilitam a produção de conhecimento a partir dos referenciais marxistas e, quando se aprofundam os estudos sobre os séculos de escravidão no Brasil, tornam possível identificar a essência da desigualdade social entre nós, uma questão emblemática do processo de formação da sociedade brasileira estruturalmente racista.

A princípio, no longínquo século XVI, a escravização da população negra se justifica pela carência da mão de obra necessária para desbravar o continente americano e revigorar a economia do Velho Mundo, imerso em um processo de decadência gradual. A escravização é defendida pela classe dominante como elemento imprescindível para alavancar o progresso, enquanto uma atividade lícita[6]. Para os colonizadores portugueses, o modo de produção vigente à época é

---

6. "O período que se estendeu de 1500 a 1800 viu estabelecer-se um novo sistema geoeconômico orientado para o Atlântico, com seu dispositivo comercial triangular, ligando a Europa, a África e as Américas. A abertura do comércio atlântico permitiu à Europa e, mais particularmente, à Europa Ocidental, aumentar sua dominação sobre as sociedades das Américas e da África. Desde então, ela teve um papel principal na acumulação de capital gerado pelo comércio e pela pilhagem, organizados em escala mundial. A emigração dos europeus para as feitorias comerciais da África e dos territórios da América do Norte e do Sul fez surgir economias anexas que se constituíram no além-mar. Estas desempenharam, em longo prazo, um papel decisivo na contribuição para a constante ascensão da Europa que impingia sua dominação sobre o resto do mundo". (Ogot, 2010, p. 2)

lícito, porque para "conquista" e exploração do território brasileiro, a mercadoria retirada da África é imprescindível, uma mercadoria de valor incalculável para os interesses do capital, ou seja, milhares de seres humanos, cujas vidas são capturadas pela ganância e insensatez de outros, detentores dos meios de produção. Imbricados aos interesses da Coroa Portuguesa, os projetos da Igreja Católica para o Novo Mundo desconsideram as violações humanas sofridas pela população negra africana e pelos povos originários em território brasileiro.

Novamente, a escravização é lícita em face da necessidade de dinamizar o poder da Instituição no país ao ampliar o número de pessoas submetidas, do ponto de vista religioso, ao projeto do catolicismo universal, uma vez que seu raio de atuação sofre um enorme abalo provocado por dissidentes católicos, que lideram a Reforma Protestante, ao longo do século XVI, no continente europeu. A forma como a classe dominante europeia concebe os povos africanos e os povos originários, acerca de um modo de ser fetichizado, com culturas e valores morais e/ou religiosos primitivos e animalescos, constrói as bases que justificam sua dominação e, no caso da tradição judaico-cristã, justificam a purificação das almas pelo sacramento do batismo, rito de passagem obrigatório e único caminho para a salvação das almas desses povos.

Ainda que esta obra se debruce sobre a resistência dos povos africanos, faz-se necessário demarcar nosso entendimento acerca da resistência e das lutas protagonizadas pelos povos indígenas[7], pois ambos reagem e se organizam contra a escravidão e a servidão. Em relação à população negra, podemos elencar as estratégias que visam fortalecer as relações familiares e grupais, por meio da compra de cartas de alforria, do confronto direto com as(os) opressoras(es),

---

7. Importante afirmar o quão urgente e essencial é o debate sobre a questão indígena na América Latina e no Brasil e os impactos do colonialismo sobre as crianças e adolescentes indígenas em contexto rural e urbano e de que maneira o Serviço Social se apropria dessa temática, pois o racismo estrutural incide também sobre essa população. Aspectos relevantes dessa análise podem ser extraídos da obra *No olho do furacão: populações indígenas, lutas sociais e Serviço Social em tempos de barbárie*, organizada por William Berger, 2019.

da formação dos quilombos, das irmandades negras e, no limite, de atitudes radicais de alcance da liberdade individual por meio do suicídio, do aborto, entre outros.

> Escravidão e capitalismo não se confundem, mas se relacionam: o capitalismo criou e depois destruiu a escravidão. O trabalho escravo foi a base sobre a qual o capitalismo pôde se desenvolver, funcionar e expandir em sua fase mercantil, caracterizada pela produção de mercadorias nas colônias e sua comercialização entre as metrópoles europeias. E o mercantilismo, por sua vez, criou algumas condições básicas à passagem para as fases seguintes do capitalismo — a industrial e a monopólica. (Valente, 1994, p. 12)

A evolução do sistema capitalista, os avanços tecnológicos e as alterações significativas vividas pela classe dominante em solo europeu, ao longo dos séculos, não beneficiam o conjunto da classe trabalhadora, com problemas ainda maiores nos países dominados. No caso brasileiro, a complexidade das relações sociais tem como elemento fundante a questão étnico-racial, presente desde a gênese da ocupação colonial, que se complexifica ao longo dos séculos e, notadamente, no processo acelerado de acumulação capitalista, assume novos contornos para atender aos interesses do capital. A transição da escravidão para o capitalismo ganha legitimidade e desencadeia uma ampla mobilização contra a escravidão negra, consumada pela mudança no ordenamento jurídico brasileiro, mas que na prática agudiza as relações sociais racialmente fundadas, o que se encontra explícito na Lei do Ventre Livre, que outorga a liberdade às crianças nascidas de mulheres negras escravizadas a partir de 1871, mas ratifica a permanência da violação de direitos das mulheres escravizadas, como, por exemplo, o direito à maternagem, e que guarda profunda relação com a situação atual de uma parcela importante de crianças e adolescentes em situação de acolhimento institucional, que enfrentam obstáculos para colocação em lares substitutos ou com a situação das mulheres encarceradas, cuja maternagem também é obstaculizada.

Sobre o gênero feminino recai o ônus de pertencer a uma sociedade patriarcal, que insiste em exercer o controle em relação a seus corpos, sexualidades e direitos reprodutivos. Sobre uma parcela grande de mulheres recai também o ônus de nascerem negras, em uma sociedade patriarcal e racista, cuja marca registrada é a desqualificação de suas histórias, trajetórias, conquistas e batalhas cotidianas, desde a infância, porque pertencem ao grupo racial que, de maneira incessante e sem trégua, sofre diversos tipos de humilhação, bem como de violações de direitos. As mulheres negras ocupam majoritariamente os estratos mais pauperizados da classe trabalhadora e, portanto, têm menos condições de garantir padrões mínimos de vida para si e suas famílias. Se a capacidade protetiva, que em análises superficiais é reduzida ao baixo poder aquisitivo ou a ausência dele, for considerada insuficiente pelos diversos agentes públicos, essas mulheres negras e pobres passam a conviver com mais um drama: a ameaça do afastamento temporário ou definitivo de suas crianças e adolescentes. Situação que pode se efetivar com o braço autoritário do Estado que, na defesa da dessacralização da família, age de maneira a tipificá-la como irrecuperável e a indicar como solução a "salvação" da criança/adolescente, se eximindo da sua responsabilidade de garantir proteção social para o grupo familiar. Então, o Estado aciona diversos mecanismos que, ao invés de proverem a sustentabilidade do grupo e fortalecer os vínculos familiares, favorecem a culpabilização das mulheres e, em situações extremas, o acolhimento institucional de seus filhos e filhas.

A liberdade jurídica, por sua vez, conferida ao conjunto da população negra com a promulgação da Lei Áurea em 1888, inaugura um novo capítulo do problema das relações raciais no Brasil. A forma como esse grupo é inserido na sociedade brasileira, sem proteção social, sem acesso qualificado à moradia, educação, saúde, trabalho formal, cultura, esporte, lazer, entre outros, é emblemática, e expõe as feridas de uma sociedade racista, que continua a negar a humanidade à população negra, nomeada como raça degenerada. Exatamente essa concepção será utilizada como justificativa para a mobilização nacional a favor da imigração de trabalhadores europeus, supostamente qualificados para as necessidades do capitalismo em sua fase industrial. Na essência desse fenômeno está a busca obstinada pelos padrões da branquitude, expressa no clareamento gradual do povo brasileiro, e a desqualificação dos valores, culturas, práticas e saberes africanos, em que pese o fato de que os primeiros grupos de imigrantes europeus terem experiências nas áreas rurais, em seus países de origem.

No despontar do século XX, a concepção sobre a população negra no Brasil inspira-se no pensamento evolucionista, segundo o qual a inferioridade racial é consequência da condição biológica. Contudo, em um país marcado pelas relações inter-raciais, o projeto de consolidação da raça pura, do ponto de vista biológico, não seria possível. O caminho possível seria o cruzamento sistemático entre brancos e negros, para que se efetivasse a melhora da raça, via mestiçagem. Em outros termos, clarear para civilizar (Rodrigues, 2011). De outro lado, a colonialidade do poder estrutura e organiza a vida cotidiana e está presente na formulação e implementação das políticas sociais.

Quer seja em território brasileiro, quer seja a nível mundial, a questão étnico-racial tem desafiado os Estados a construir ações que respondam às práticas racistas institucionalizadas e à violência urbana, que cresce exponencialmente em tempos de acirramento da crise do capital. A hierarquização dos grupos raciais é parte integrante do processo de dominação colonial, que se intensifica no final do século XIX e se estende por todo o século XX e tem como ponto de articulação dos interesses capitalistas a Conferência de Berlim[8] e o que esta

---

8. "A ideia de uma conferência internacional que permitisse resolver os conflitos territoriais engendrados pelas atividades dos países europeus na região do Congo foi lançada por iniciativa de Portugal, mas retomada mais tarde por Bismarck, que, depois de ter consultado outras potências, foi encorajado a concretizá-la. A conferência realizou-se em Berlim, de 15 de novembro de 1884 a 26 de novembro de 1885. À notícia de que seria realizada, a corrida à África intensificou-se. A conferência não discutiu a sério o tráfico de escravos nem os grandes ideais humanitários que se supunha terem-na inspirado. Adotaram-se resoluções vazias de sentido, relativas à abolição do tráfico escravo e ao bem-estar dos africanos [...]". (Boahen, 2010, p. 33) "Semelhante situação não tem precedentes na história: jamais um grupo de Estados de um continente proclamou, com tal arrogância, o direito de negociar a partilha e a ocupação de outro continente. Para a história da África, esse foi o principal resultado da conferência. [...] Antes

significou para os povos africanos. Se a decadência da escravidão nas Américas atende aos interesses do capitalismo, outras formas de dominação precisam ser fomentadas para a manutenção do domínio colonial dos países europeus e os determinantes essencialmente econômicos justificam a apropriação territorial da África. O processo, entretanto, encontra resistência e luta dos povos africanos à invasão e isso desemboca no uso sistemático de força militar. O cenário descrito revela o quanto permanecemos reféns da barbárie, à medida que a acumulação capitalista amplia suas garras sobre o planeta. Como não falar do massacre perpetrado por tropas imperiais alemãs, no Deserto da Namíbia, contra os povos herero e nama, que foram exterminados entre os anos de 1904 e 1908? Os números inferem que dos 80 mil namíbios, no processo de fuga, apenas 15 mil sobreviveram[9]. Outro exemplo brutal refere-se à Guerra do Congo, de colonização belga, no início do século passado, na qual cerca de 10 milhões de congoleses foram brutalmente assassinados, por questionar as torturas a que eram submetidos no processo de trabalho, e outros 10 milhões tiveram as mãos decepadas[10].

Dados recentes do Alto Comissariado das Nações Unidas para os Refugiados (ACNUR) revelam que a situação dos refugiados e deslocados internos dos países são anteriores à crise de refugiados na Síria. De acordo com a jornalista Simone Freire:

---

da conferência de Berlim, as potências europeias já tinham suas esferas de influência na África por várias formas: mediante a instalação de colônias, a exploração, a criação de entrepostos comerciais, de estabelecimentos missionários, a ocupação de zonas estratégicas e os tratados com dirigentes africanos. Após a conferência, os tratados tornaram-se os instrumentos essenciais da partilha da África no papel. Eram de dois tipos esses tratados: os celebrados entre africanos e europeus, e os bilaterais, celebrados entre os próprios europeus" (*Ibidem*, p. 35)

9. "O genocídio dos hereros e namas, com episódios atrozes, foi descrito no *Blue Book*, de 1918, um relatório encomendado pelo parlamento inglês e conservado nos arquivos de Westminster... O *Blue Book* é hoje uma raridade. Uma investigadora francesa, Élise Fontenaille-N'Diaye, descobriu uma cópia numa biblioteca de Pretória e utilizou-a para escrever duas obras, um ensaio e um romance, sobre o genocídio". Disponível em: http://www.avante.pt/pt/2227/internacional/141507/. Acesso em: 6 jan. 2018.

10. Conforme análise contida no documentário "Racismo: uma história", produzido pela BBC Four no ano de 2007.

Dos 15 conflitos que iniciaram ou foram retomados nos últimos cinco anos [a partir de 2012], e que fizeram com que se intensificassem os deslocamentos forçados e colocassem boa parte da população em situação de refúgio, oito estão na África: Costa do Marfim, República Centro Africana, Líbia, Mali, Nigéria, República Democrática do Congo, Sudão do Sul e Burundi[11]. Isso agrava a situação das crianças africanas, que com frequência estão apartadas da família nos campos de refugiados.

Quando o assunto é a infância, os dados são ainda mais alarmantes, pois, segundo o relatório anual "Stolen Childhoods" (Infâncias Roubadas), da ONG *Save the Children,* que analisou as condições de vida de indivíduos entre 0 e 19 anos em 172 países, a infância termina cedo demais para, pelo menos, 700 milhões de crianças ao redor do planeta. No relatório publicado em 30 de maio de 2017, os dez piores lugares para uma criança viver estão no continente africano e entre os países africanos que figuram no topo estão Níger e Angola. Na outra ponta do *ranking* se encontram os dez melhores lugares que se concentram no continente europeu[12].

Quando se analisa a situação do Brasil, no *ranking* mundial, vê-se que este ocupa a posição 89. As condições de vida das crianças e adolescentes brasileiros estão retratadas no site Observatório da Criança e do Adolescente[13], de onde se extrai que o país possui, aproximadamente, "200 milhões de habitantes, sendo o quinto país mais populoso do mundo [...]. O Sudeste é a região com a maior concentração populacional do país, com 80 milhões de habitantes [...]. Do total de habitantes do país, aproximadamente 60 milhões são crianças e adolescentes." Ainda segundo o Observatório, em 2010, a população brasileira de zero a dezoito anos correspondia a 59.657.340. Desse

---

11. Cf.: https://www.carosamigos.com.br/index.php/edicoes-anteriores/88-principais--topicos/politica/5313-a-grande-maioria-dos-refugiados-da-africa-fica-na-africa-afirma-representante-da-onu.

12. Cf.: https://socioeconomia.org/dez-melhores-piores-paises-para-ser-crianca/.

13. Cf.: https://observatoriocrianca.org.br/cenario-infancia.

universo de crianças e adolescentes, 11.506.566 viviam na cidade de São Paulo e 35,5 % destes, equivalente a 4.027.298, residiam em favelas.

Ainda que o Observatório se apresente como "um espaço virtual que possibilita a consulta, em um mesmo lugar, dos principais indicadores sociais relacionados direta e indiretamente à infância e adolescência no Brasil", nele não se encontram indicadores acerca do percentual de crianças e adolescentes em situação de acolhimento institucional ou em situação de rua. Esses indicadores revelariam, também, a relação entre os níveis mais degradantes de existência na infância com a condição racial. Esta invisibilidade está presente com frequência na produção de planos, programas e projetos governamentais que ao propor ações na área da infância e da adolescência também desconsideram as particularidades da população negra nessa faixa etária.

Na contramão desse processo explícito de racismo institucional, o esforço empreendido por diversos grupos em denunciar a desigualdade étnico-racial no Brasil é uma chave de análise fundamental e permitiu conquistas importantes na luta contra o racismo. Neste momento, interessa demarcar que há um enfoque importante sobre a questão étnico-racial nos diversos ciclos geracionais, em relação à juventude negra, ao genocídio, direitos dos povos quilombolas, quanto ao racismo religioso, sobre as especificidades das comunidades quilombolas e no interior do debate feminista, um denso debate sobre as particularidades da mulher negra na cena contemporânea. Essas e outras pautas são imprescindíveis para a construção de uma nova sociabilidade, desde que conectem a questão étnico-racial com a questão de classe, de gênero e orientação sexual, na direção da totalidade social. Entretanto, nos preocupa o debate político incipiente, seja dos movimentos sociais, seja da sociedade em geral acerca da infância e adolescência negras e da infância e adolescência roubada de crianças e adolescentes negras(os), que, muitas vezes, alternam entre a permanência nos Serviços de Acolhimento Institucional de Crianças e Adolescentes (SAI) — antigos "abrigos" —, e a situação de rua, cuja gênese do abandono é a reprodução do racismo institucional.

O modo como o Brasil trata a infância e a adolescência revela a cultura de objetificação dessas crianças e adolescentes, que são considerados propriedade dos adultos. Exemplo mais emblemático é a valorização da violência doméstica como prática educativa, noção que se reproduz de forma naturalizada e é defendida com veemência, inclusive entre profissionais de Serviço Social. Em se tratando de sujeitos negros e negras que nascem, crescem e se desenvolvem em territórios periféricos, privados de direitos humanos fundamentais, a raça/cor torna-se um agravante. A apropriação dos corpos é indevida e ocorre inclusive por pessoas alheias ao grupo de sociabilidade das crianças e adolescentes. Quantas vezes esses são surpreendidos pela invasão de privacidade dos adultos, que se sentem autorizados a tocar, debochar, expor a vexame, irritar com perguntas descontextualizadas em locais públicos, por exemplo? Em relação ao grupo negro isso pode ser ainda mais invasivo, como, por exemplo, tocar o cabelo para "sentir" se é "fofinho", desferir ofensas racistas, fazer críticas destrutivas em relação à aparência, entre outras atitudes impróprias.

Os maus-tratos na infância decorrem desse padrão de civilidade, centrado no poder e no desejo do adulto. Consensualmente se convencionou nomear como maus-tratos a negligência[14] e o abandono cometido por membros do grupo familiar, porém, a medida da

---

14. "Merece leitura cuidadosa o conceito de negligência que aparece nos prontuários das crianças e adolescentes que estão nos SAI. Diversos autores ressaltam a dificuldade de definir esse tipo de violência cuja interpretação é marcada por forte carga subjetiva do profissional que os acolhe, muitas vezes confundindo negligência dos familiares com situação de pobreza. A negligência caracteriza-se pelas omissões dos adultos (pais ou outros responsáveis pela criança ou adolescente, inclusive institucionais), ao deixarem de prover as necessidades básicas para o desenvolvimento físico, emocional e social de crianças e adolescentes. (Brasil, 2004; 2010, p. 34) Agrega atos como privação de medicamentos, falta de atendimento à saúde e à educação, descuido com a higiene, falta de estímulo, de proteção de condições climáticas (frio, calor), de condições para a frequência à escola e a falta de atenção necessária para o desenvolvimento físico, moral e espiritual. No caso de crianças e adolescentes, a negligência significa a privação de algo de que necessitam, quando isso é essencial ao seu desenvolvimento sadio, e não lhe é oferecido por opção. (Claves, 1993) A negligência não está vinculada às circunstâncias de pobreza, podendo ocorrer em casos em que recursos razoáveis estão disponíveis para a família ou o responsável. (Brasil, 2004; 2010)" (MDS/Fiocruz, 2013, p. 177-178)

violência é moral, dependendo de quem é objetivamente a criança e/ou adolescente. Poucos estudos têm se debruçado sobre outra forma de violência, que é o racismo e a discriminação étnico-racial na infância[15], por vezes nomeada como *bullying*, o que justifica a falta de um tratamento específico da questão. Racismo e *bullying* não são sinônimos, ainda que expressem, em medidas diferentes, a violência naturalizada nas relações sociais. Quando a violência étnico-racial é cometida pelo próprio Estado, personificada nas figuras dos profissionais que integram o Sistema de Garantia de Direitos de Crianças e Adolescentes, a questão se desloca para o âmbito do racismo institucional, mais difícil de ser identificado porque diluído nas normas e práticas cotidianas, sob a égide de manutenção do controle sobre a classe trabalhadora.

Na interpretação do Estatuto da Criança e do Adolescente (ECA), os operadores do direito são unânimes em afirmar que tal ordenamento jurídico contempla todas as crianças e adolescentes brasileiros, independentemente de classe social. Este é considerado o ponto crucial da mudança de paradigma em relação à infância no Brasil. Entretanto, quando a situação de pobreza é parte constitutiva da infância, observa-se a reprodução de práticas, que legitimam a criminalização dos pobres e a invasão de seus espaços privados, de maneira autoritária.

Diante de todas as considerações — pessoais, profissionais, históricas sobre a população negra e suas crianças e adolescentes, a situação específica do país e das legislações acerca da infância e adolescência —, o que se pretende debater é o quanto a dimensão individual do que sejam a violência e os maus-tratos na infância e adolescência, de

---

15. Em dezembro de 2014, foi sancionada a Lei n. 13.046/2014, que altera o Estatuto da Criança e do Adolescente (ECA), obrigando entidades que integram a rede de atendimento à infância a terem, em seus quadros, pessoal capacitado para reconhecer e reportar maus-tratos de crianças e adolescentes. Desde então, o Centro de Estudos das Relações do Trabalho e Desigualdade (CEERT) vem desenvolvendo o projeto "Direitos da Criança e Adolescente na Promoção da Igualdade Racial", com o objetivo de demonstrar que o racismo na infância deve ser entendido como sinônimo de maus-tratos, devido aos efeitos psíquicos do racismo sobre crianças e adolescentes.

alguma forma, interfere no modo como as(os) profissionais do Sistema de Garantia de Direitos de Crianças e Adolescentes compreendem as famílias, que são alvo da interferência do Estado, com a suspensão e/ou a perda do poder familiar.

A pesquisa buscou analisar como o racismo, enquanto um importante mecanismo de manutenção da ordem capitalista, que incide na infância e juventude, se materializa em racismo institucional nos processos de acolhimento de crianças e adolescentes, enquanto uma das estratégias de institucionalização da população negra e o quanto essa prática racista guarda profunda relação com as formas legitimadas de controle dos corpos, no período da escravidão no Brasil.

O livro está dividido em duas partes. Na parte I, Capítulo I, concentra-se o debate acerca da importância da participação da população negra na formação do país e as contradições do processo de escravidão; as transformações ocorridas no período de transição do trabalho escravizado para o trabalho livre; a funcionalidade do mito da democracia racial na contemporaneidade; bem como a interface entre classe social, raça/etnia e a questão de gênero no processo da divisão social e técnica do trabalho; particularidades da realidade brasileira. Na parte II, Capítulo II, serão apresentados os debates sobre o racismo institucional, que atinge a infância e a adolescência no país, com a exposição de dados bibliográficos e pesquisa de campo; como se efetiva o direito de crianças e adolescentes ao convívio familiar e comunitário; quais as configurações e competências dos serviços de acolhimento institucional, como se estabelecem as relações profissionais e como os sujeitos acolhidos são atendidos nas diversas demandas, bem como suas famílias; e, de maneira incisiva e contundente, são apresentadas as situações de racismo, preconceito e discriminação étnico-racial vivenciadas cotidianamente, bem como as respostas institucionais nesses cenários.

Finalmente, são apresentadas algumas considerações, à guisa de conclusão, sobre a medida de acolhimento institucional, enquanto uma medida de controle em relação à população negra, com a criminalização dos pobres a justificar a intervenção do Sistema de Justiça.

A cada nova leitura e releitura, a cada nova descoberta e a cada novo desafio foram sendo suscitadas emoções, surpresas, indignações, posições, dúvidas e proposições, que nos levam a perceber quão plena de significados é a existência humana e quão urgente é a discussão da diversidade étnico-racial, na luta por uma sociedade livre e democrática. Para além do conhecimento científico, deve-se ressaltar que este trabalho porta uma visão de mundo comprometida com a eliminação do racismo, vinculada à luta pela supressão do sistema capitalista e à construção de uma nova sociabilidade livre de todas as amarras que nos aprisionam no tempo presente.

PARTE I

As múltiplas determinações da questão étnico-racial no Brasil: contribuições para o debate

Capítulo I

A função social do racismo e o mito da democracia racial

> *O mito da democracia racial é uma forma brasileiríssima, bastante eficaz, de controle social.* (Santos, 1984, p. 45).

Neste capítulo, busca-se apreender os mecanismos que engendram as relações raciais no Brasil e a reprodução da desigualdade étnico-racial, mascarada pela ideologia da democracia racial.

A ideologia da democracia racial tem raízes muito anteriores a 1930. A expressão, entretanto, aparece pela primeira vez, de acordo com Antônio Sérgio Guimarães, em um artigo de Roger Bastide publicado no *Diário de São Paulo*, precisamente no dia 31 de março de 1944, no qual eram usados os termos "democracia social" e "racial" para descrever a ausência de distinções rígidas entre brancos e negros. Antônio Sérgio aponta também que a expressão evoca essencialmente dois significados: o primeiro subentende que todos os grupos étnicos vivem na mais perfeita harmonia, enquanto o segundo remete, no mínimo, a um ideal de igualdade de direitos, e não apenas de expressão cultural e artística. (Schucman, 2014, p. 93)

No cenário atual, o acesso desigual da população negra às políticas públicas e ao exercício dos direitos sociais tem sido publicizado com maior intensidade, e a questão étnico-racial, mais politizada, requer uma resposta da branquitude, que, a partir do seu lugar de privilégio, ora reforça o tratamento desigual para brancos e negros, ora defende superficialmente o tratamento baseado no princípio da igualdade. De todo modo, o sujeito racista, embora reconheça a desigualdade social entre brancos e negros/indígenas, não a vincula ao racismo estrutural presente na sociedade. Em ambas as situações, o que está presente são visões distorcidas acerca da dinâmica das relações sociais no país, ancoradas na ideia de que o Brasil é um país acolhedor, onde as possibilidades de transformação social estão à disposição de qualquer pessoa que tenha vontade de "vencer" na vida. Nesta perspectiva, a pobreza geracional, que atinge a população negra, é fruto da incapacidade desta se colocar de forma racional no mundo do trabalho. E os incontáveis sucessos da branquitude são resultado do seu esforço imensurável, nomeado como mérito.

A análise busca apreender de que modo as determinações sócio-históricas incidem sobre os sujeitos, na intrínseca relação entre universalidade e particularidade, bem como a partir da categoria totalidade superar visões que reduzem a luta de classes ao determinismo econômico, recuperar no movimento do real as contradições postas pela sociabilidade burguesa e como estas incidem de maneira prejudicial sobre a população negra, que vive no cotidiano as consequências do racismo entranhado na sociedade brasileira. O racismo entendido como ideologia cuja reprodução e reatualização, a despeito de todos os argumentos cientificamente comprovados, ganha de tempos em tempos novos defensores e práticas mais sofisticadas de execução.

A partir de Lukács, é possível apreender que

Verdade ou falsidade ainda não fazem de um ponto de vista uma ideologia. Nenhum ponto de vista individualmente verdadeiro ou falso, nenhuma hipótese, teoria etc., científica, verdadeira ou falsa constituem em si e por si só uma ideologia: eles podem vir a tornar-se uma ideologia, [...]. Eles podem se converter em ideologia só depois que tiverem se transformado em veículo teórico ou prático para enfrentar e resolver conflitos sociais, sejam estes de maior ou menor amplitude, determinantes dos destinos do mundo ou episódicos. (2013, p. 467)

A investigação parte da premissa de que há entre racismo e capitalismo uma articulação fortalecida pela ideologia racial, essencial para a dinâmica das relações sociais na contemporaneidade e que justifica, ainda que não explique, o pauperismo de parcela majoritária da população negra brasileira. A permanência histórica deste grupo em patamares vexatórios e a forma como as políticas públicas vêm se desenvolvendo, sob o mito da democracia racial, leva a uma pretensa inclusão dos diferentes no acesso aos bens e serviços, cunhada pelo discurso da igualdade jurídica e da meritocracia.

1.1 A escravidão e a presença negra na formação econômica e cultural da sociedade brasileira

Neste item, busca-se recuperar os aspectos relevantes do processo de escravidão no Brasil, por entender que as análises eurocêntricas desqualificam, ainda hoje, as influências africanas e a presença negra, o que prejudica a análise do complexo fenômeno que conforma as relações étnico-raciais no país. Compreende-se o processo de escravidão enquanto um fenômeno historicamente determinado e datado, cuja característica ineliminável é o racismo moderno, que confere privilégios à classe dominante, ancorado na supremacia branca, e se organiza a partir de uma estrutura que, pela primeira vez na história da humanidade, submete à escravização um grupo inteiro em virtude da sua origem étnico-racial negra, a partir do século XVI.

A expansão colonial ocorre sob dadas condições materiais, que permitem o avanço das grandes navegações marítimas. O tráfico transatlântico de seres humanos do continente africano para o Brasil, no espectro da colonização portuguesa, é parte de um projeto maior, devido à necessidade de um contingente enorme de mão de obra para desbravar um território tão extenso. O projeto de organização da vida nesta colônia portuguesa ancora-se no discurso da superioridade dos povos brancos europeus, que incide liminarmente sobre a imagem que o povo brasileiro constrói em relação a si mesmo desde então. Em outros termos, a reprodução da desigualdade étnico-racial orienta o projeto da classe dominante e se modifica ao longo dos séculos, de acordo com a necessidade de utilização do trabalho reservado à população negra.

Santos (1984) considera a hierarquização entre os povos como uma manifestação historicamente determinada e datada, que se expressa de maneiras diversas, em tempos históricos diferentes. Na Antiguidade, um dos elementos de diferenciação entre os seres humanos era a linguagem, outro aspecto era o conjunto de leis que regia o cotidiano. Na Idade Média, a inferioridade era atribuída em função da tradição religiosa e da falta de conversão ao Cristianismo. No despontar da Idade Moderna, a diferenciação e desqualificação do "outro" difundida pelos povos europeus se sofistica e passa a se estruturar a partir do racismo, da desvalorização conforme a cor da pele — um elemento de inferiorização racial. Essa estrutura de dominação se organiza segundo três pilares: do continente asiático, se extraem as especiarias; do continente americano, se retira o açúcar, o algodão, o fumo e os metais preciosos; e, do continente africano, se extraem os seres humanos, a matéria-prima mais valiosa.

O processo de captura de seres humanos ocorre, desde o início, carregado de sobressaltos e as estratégias de dominação são elaboradas com a máxima violência em terras africanas. Os povos locais, até o contato com os europeus, desconhecem a pólvora (invenção de um chinês) e as armas de fogo, logo, o confronto entre os dois grupos ocorre com enorme vantagem para o colonizador branco, que tem grande poder de fogo e destruição. A realidade, porém, é ocultada, e os europeus fazem crer que a derrota é motivada pura e simplesmente pela inferioridade, passividade e servidão dos negros africanos, como características naturais. No mesmo período, em território norte-americano, ideias semelhantes são disseminadas em relação aos povos indígenas, denominados de pele vermelha e considerados inferiores pelos dominadores europeus, de pele branca (Santos, 1984). Acerca da configuração da desigualdade baseada na raça, a reflexão a seguir é muito didática:

> O racismo não é produto de mentes desequilibradas, como ingenuamente se poderia supor; nem existiu sempre, ou existirá sempre, como tolamente se poderia pensar. O racismo é um dos muitos filhos do capital, com a peculiaridade de ter crescido com ele. Como os melhores filhos, porém, o racismo tem sobrevivido, e sucedido, ao próprio pai... Há nele uma dose de irracionalismo que nenhum sistema social, até hoje, foi capaz de liquidar. (Santos, 1984, p. 35)

Em território brasileiro, o regime de escravidão assume contornos específicos, que são amplamente discutidos por Moura (1994) do ponto de vista demográfico, social, econômico, político e cultural a partir de duas fases distintas: o escravismo pleno e o escravismo tardio.

A primeira fase é do escravismo pleno (aproximadamente de 1550 até 1850), ascendente, em que o modo de produção se estrutura em sua plenitude, consolidando duas classes fundamentais: senhores e escravos. Período em que a população negra vive em constante confronto com os senhores e as autoridades oficiais; portanto, a manutenção do equilíbrio social requer uma estrutura brutal de contenção das lutas e conflitos. A brutalidade se justifica quando o consenso perde força e é substituído pela coerção social, uma vez que a perda do controle sobre a população negra pode ocasionar a desorganização da escravidão, extremamente enrijecida.

> A ficção de que pessoas se tornavam "cousas" produzia contradições, incoerências: tidos como propriedade nos âmbitos do direito civil e comercial, os cativos respondiam plenamente por seus atos na justiça

criminal. Eram julgados e punidos por homicídio, agressão, roubo. Muitos o foram até pelo delito de "furtar escravos", ou seja, pelo ato de "seduzir" ou convencer um companheiro de cativeiro a botar o pé na estrada para trocar de senhor. (Chalhoub, 2006, p. 39)

Eis aqui um elemento importante da análise, pois a população negra submetida à condição de escrava não se apresenta como sujeito passivo, que tudo suporta sem qualquer objeção. As formas de resistência e luta são difíceis e emblemáticas, mas existem e provocam tensões e fraturas, enfrentadas de maneiras diversas pelo grupo dominante e pela sociedade como um todo. A própria população negra assume a direção política da luta pela emancipação durante todo o período escravagista, mas o cenário se modifica radicalmente a partir de 1850, naquilo que Moura (1994) analisa como a fase do escravismo tardio.

O escravismo tardio, cuja força emerge em meados de 1850 e se prolonga até 1888, década de decadência do regime de trabalho escravo, é marcado pela desagregação paulatina, pois a extinção gradual do regime atende ao projeto de classe sob as bases do capital, hierarquizado e profundamente desigual. Há, portanto, um imbricamento rápido e acentuado das relações capitalistas com a estrutura escravista, para garantir a manutenção do poder dominante e a segurança financeira dos comerciantes e proprietários de negros escravizados. O destaque dessa reestruturação vai para o alargamento do domínio estrangeiro, em sua maioria inglesa, em detrimento da burguesia nacional, ainda em formação. O monopólio inglês no país atinge diversas áreas econômicas, favorecendo as indústrias inglesas, a importação, a exportação, a mineração, a zona portuária, bem como o setor bancário. A possibilidade de formação de um país independente, com justiça social, é suprimida pelo controle britânico, que também lucra com o sistema escravista. (Moura, 1994)

A escravidão da população negra configura-se como uma estratégia adotada pelo sistema colonial para explorar as terras ocupadas no continente americano. E, ao longo dos três séculos que se sucederam, tal regime foi utilizado com maior ou menor intensidade, na maior parte da extensão colonial. Portanto, qualquer análise acerca do antagonismo[1] entre trabalho escravo e trabalho livre, em terras brasileiras no século XIX, precisa esmiuçar as vinculações entre o colonialismo e o regime escravocrata e partir do "pressuposto de que a escravidão foi uma instituição integrante do sistema colonial característico da fase de acumulação primitiva e mercantil do capital e da formação do Estado moderno na Europa ocidental (séculos XV e XIX)". (Conforme Costa *apud* Eurico, 2017, p. 419)

Ao mesmo tempo que o regime de escravidão, pela sua estrutura e práticas coercitivas, objetiva desumanizar a população negra com a atribuição de um não lugar social, permite que a dimensão humana seja reelaborada por esses sujeitos na vida cotidiana, de maneira constante e sem tréguas, com a radicalidade necessária para a ampliação da luta pelo reconhecimento da humanidade negada, mas não extirpada dos corpos negros. Ou seja, no fluxo contínuo da vida cotidiana, dor e superação são combustíveis necessários que lapidam esses corpos, forjando corporeidades repletas de humanidade, em sua inteireza. A certeza do pertencimento ao gênero humano possibilita a elaboração de diversas estratégias de questionamento do *status quo*, desorganizando a estrutura de poder vigente no país.

Se as relações escravocratas se estabelecem sob o símbolo da inferioridade étnico-racial, enquanto uma característica natural, decorrente das diferenças que existem entre os seres humanos, ao longo do tempo, as formas de dominação e de justificação da supremacia branca se aperfeiçoam e os colonizadores lançam mão do racismo "científico" para provar a superioridade branca europeia sobre os

---

1. O trabalho figura na mentalidade nacional como elemento desmoralizado, degradante, corrompido pelo regime de escravidão. As bases da sociedade estão organizadas a partir da espoliação e para a classe dominante "o trabalho, principalmente o trabalho manual, era visto como obrigação de negro, de escravo". (Costa, 2010, p. 15) Para a população negra, o trabalho é uma tarefa penosa que se confunde com o cativeiro e a busca pela liberdade tem como horizonte o rompimento com a dominação e com o trabalho sob essas bases.

não brancos. As primeiras pesquisas nessa direção são realizadas na Inglaterra e na França e produzem explicações científicas para justificar a desigualdade entre os povos, com o objetivo primordial de acelerar o processo de acumulação capitalista a qualquer preço.

> De acordo com Moura (1994a, p. 32), "os europeus — arianos, mediter-râneos, alpinos etc. — neste contexto eram os brancos. A gránde massa de povos colonizados era a população indistinta, e o denominador que as igualava era a vocação de servir, trabalhar para os brancos [...]". A superioridade branca europeia é construída a partir do pacto de domi-nação; portanto, é mister compreender que não se trata de uma noção de branquitude homogênea, mas da associação entre europeus pertencentes a grupos étnicos distantes, que se unem em torno de um objetivo comum de subjugar os outros povos e continentes. (Eurico, 2017, p. 417-418)

Nesta perspectiva, a reflexão crítica acerca das violações cotidianas às quais a população negra está submetida não ecoa com força nos espaços de sociabilidade, quer no âmbito público, quer no privado. O período que antecede à abolição da escravatura faz emergir o debate sobre o destino de uma parcela pequena desse grupo, que ainda se encontrava na condição de escravizada.

A substituição do trabalho sob o regime de escravidão pelo traba-lho livre nos moldes capitalistas estava na ordem do dia, mas a pauta não incluía a adoção de políticas sociais que visassem alterar o cenário de pobreza absoluta a que estava submetida a população negra e livre. Trata-se de uma nação que se organiza a partir de relações pessoais, de um governo que atende aos interesses da classe dominante, com olhar voltado para o progresso, cenário onde o regime escravocrata perde sua funcionalidade. Para esse segmento, a assinatura da Lei Áurea possibilita a retomada da economia nacional sob outro patamar, da produção capitalista, da apropriação da mais-valia e do surgimento do cidadão consumidor.

O modo de produção ganha novos contornos nesse momento e as reivindicações do movimento abolicionista, de base conservadora, cujas propostas não alteram a estrutura social, sequer ofertam condições objetivas satisfatórias de manutenção da vida, de acesso à terra, à educação, ao mercado de trabalho, à saúde, entre outras garantias fundamentais, saem vitoriosas. Esse projeto se sobrepõe às demandas da população negra, alterando definitivamente os rumos da "liberdade" pós-escravidão. A liberdade sob tais bases se configura como liberdade de mercado, de consolidação do capital, de proteção aos grupos prejudicados com a extinção da escravidão, sem incidir sob as bases de privilégio da branquitude. Referimo-nos a um período de crise, em que mudanças na estrutura social são urgentes, visto que setores importantes da economia brasileira são afetados pela decadência do escravismo tardio.

Destaca-se, por exemplo, o endividamento dos proprietários da mão de obra da(o) negra(o) escravizada(o), que com a proibição do tráfico de africanas(os) para fins de escravização e da sua circulação interna, enquanto mercadoria ou escravo de ganho, para manter suas atividades, contraem dívidas junto aos fornecedores, cujas negociações tornam-se cada vez mais dispendiosas. A crise atinge de tal forma esse segmento que, sem conseguir saldar suas dívidas, por vezes, tem seus títulos de empréstimos protestados e perde a posse da terra[2]. De resto, a população negra africana[3] continua a ser desqualificada pela classe dominante, avessa às suas tradições, culturas, contribuições

---

2. Sobre as contradições presentes acerca do trabalho no regime de escravidão e a transição para o trabalho livre, que abrange o trabalhador negro escravizado, o trabalhador livre nacional e o trabalhador imigrante, uma referência essencial é: COSTA, E. V. *Da senzala à Colônia*. 5. ed. São Paulo: Unesp, 2010.

3. Acerca do continente africano, "recordemos que a verdadeira máquina de desqualificação da África continua a exercer o seu império, contaminando o imaginário e o universo vocabular do brasileiro. Assim, a Etiópia torna-se uma metáfora para comentários relacionados à fome (como se o assunto se tratasse de um monopólio africano); Ruanda, para comentar genocídio (como se a Bósnia e a Chechênia não tivessem nada a ver com esse tema); Somália, para discutir guerras civis (como se essas nunca tivessem ocorrido na Espanha ou na Grécia). De modo similar ao que ocorria no passado, a África mantém-se neste imaginário como um domínio carente de substância. Nessa 'percepção de senso comum', deixam de existir países, unidades geográficas, povos e governos independentes, mas somente um continente indiferenciado, raramente aquilatado na sua real dimensão geográfica". (Serrano e Waldman, 2010, p. 281)

para a formação do país e raivosa com a ameaça de acesso à terra, direito que permanece negado.

Sobre os limites e contradições presentes no processo de outorga da liberdade jurídica à população negra, considera-se importante recuperar o debate sobre o Movimento Abolicionista e sua participação em uma etapa fundamental da história do Brasil. Há que se ressaltar que a elite da época não se ocupava demasiadamente das fraturas sociais provocadas pela escravidão; tampouco se convence de que é necessário reparar os danos causados. O que impulsiona a defesa do abolicionismo é a necessidade de reorganizar os lucros obtidos com o regime de exploração de um grupo sobre o outro, ao mesmo tempo que a luta por direitos travada pela própria população negra deve ser contida. O negro escravizado é substituído, então, pelo imigrante, na condição de trabalhador assalariado, principalmente nos grandes centros urbanos. (Nabuco, 2011) Entretanto, nas regiões onde permanece o modo de produção agrícola, parcelas da população negra são incorporadas ao trabalho assalariado, sem a devida proteção social.

Nos termos de Nabuco, o abolicionismo parte do princípio de que "todas as transações de domínio sobre entes humanos são crimes que só diferem no grau de crueldade" (2011, p. 11). Entretanto, Azevedo (2006) apresenta a contradição presente no discurso do abolicionista, pois há o interesse em fazer da transição um processo pacífico e ordeiro, sem a efetiva inclusão e participação da população negra nas pautas prioritárias. A propaganda abolicionista é dirigida aos parlamentares e proprietários de terras e a mudança do regime é uma tarefa que cabe aos legisladores, homens de uma elite branca e letrada, que, imbuídos de um "senso de humanidade", conduziriam de forma segura a passagem do trabalho escravo para o trabalho livre. Desde então, a abolição está geralmente associada à promulgação de leis emancipacionistas, criadas ao longo do século XIX pelos parlamentares brasileiros, conservadores; tese facilmente derrubada, quando se estuda a formas de resistência da população negra no período.

Portanto, se para abolicionistas como Joaquim Nabuco as chamadas "leis abolicionistas" promulgadas no Parlamento eram uma forma de redenção do escravo, para outros, como os próprios escravos, essas mesmas leis podiam ser entendidas como conquistas de direitos, que foram, na verdade, arrancados dos legisladores — obrigados a reconhecer na letra da lei direitos costumeiros que vinham sendo reclamados havia muito tempo nos tribunais de justiça. (Azevedo, 2006, p. 32)

Há que se contrapor à ideia reproduzida, até os dias atuais, de que as formas de contestação organizadas pela população negra contra o regime de escravidão são brandas e não impactam no projeto nacional de dominação burguesa. As fugas, as revoltas, a organização dos libertos nos quilombos, localizados em diversos locais do país, explicitam a indignação contra a estrutura social e são fundamentais para o esgarçamento do regime e para o processo de extinção do cativeiro.

É evidente que o negro resiste. E luta... Pode resistir pela inércia, como os que se imobilizam e catatonicamente esperam a morte. Ou pelo suicídio, comum. Ou o aborto forçado pelas mães negras, para não legarem filhos à crueldade branca, elas que muitas vezes sofriam o aborto provocado pelos senhores, para que não deixassem de trabalhar por causa da gravidez. E também o crime em represália, matando senhores e seus parentes... A resistência manifestou-se, sobretudo nos quilombos, construindo uma nova sociedade onde poderiam sobreviver longe do sistema opressor. (Chiavenato, 1988, p. 77)

Se a história oficial sempre classificou os movimentos de resistência negra como "coisas de menor importância, casos de polícia e de capitão-do-mato, pois as rebeldias negras não influem na 'grande história'" (Chiavenato, 1988, p. 73), a luta inconclusa dos negros é analisada enquanto uma luta do povo brasileiro, contrapondo-se à falsa noção que, inevitavelmente, desemboca na banalização da escravidão no Brasil, na amenização dos desdobramentos do escravismo e na justificação dos castigos aplicados aos negros escravizados, que contestam a ordem vigente.

Durante todo o período da escravidão, diversas foram as lutas desencadeadas pela população negra e, na quadra histórica em que o Movimento Abolicionista conservador ganha amplitude, a aproximação com aqueles que confrontavam o regime nas suas raízes era inconveniente. "Quando inventariamos as lutas dos escravos durante os quase quatrocentos anos de regime escravista [...] nunca houve um entrosamento mais profundo entre essas lutas e o movimento abolicionista". (Moura, 1981, p. 79) O que se propagava entre os conservadores era a imagem do negro "bárbaro e selvagem", daí a incompatibilidade entre o movimento e as pautas dos "insurretos", uma vez que para as elites a transição tinha como dinamizador a substituição da mão de obra. "[...] essa rebeldia negra antecede em muito o movimento abolicionista [...] desde o século XVII já se consubstanciava em um fato tão relevante como a República de Palmares [...]" (p. 81). Em São Paulo ocorre uma polarização acerca da Abolição, com os fazendeiros ocupados com o plantio de café exigindo medidas severas para manter o regime e, de outro lado, com o movimento dos Caifazes, cujo líder era Antônio Bento, que, junto às comunidades quilombolas, "preconiza a violência dos oprimidos à repressão dos opressores" (p. 83). Diversas formas de apoio à população negra se desenvolvem pelo Brasil afora e os abolicionistas radicais, sem poder de influir nas decisões do parlamento, utilizam outras formas de denúncia acerca das perversidades que o regime de escravidão mantinha. De discursos em praças públicas, passando por apoio da imprensa livre, e a própria articulação com os negros escravizados, diversas foram as organizações, a exemplo dos Caifazes, que mantinham contatos com os ferroviários e conseguiam embarcar os negros que fugiam dos seus algozes nos trens e contavam com pessoas para recebê-los em outros pontos do Estado.

Lacunas acerca de tais mobilizações e lutas travadas pela própria população têm como finalidade reificar a "apatia" dos homens e mulheres negras, que dependeram de ações orquestradas pelo grupo dominante para serem libertados da condição de escravizados. Para a classe dominante, a Lei Áurea cumpre a função de proteger os senhores das manifestações e revides das(dos) negras(os) indignadas(os) com a violência, estrutural e institucional, que a escravidão implantara; de liberar seus corpos e mentes da obrigação de reparar os prejuízos acarretados ao grupo escravizado; além de desobrigar o Estado e os grupos a ele vinculado de promover a reforma agrária e outros meios de proteção social. E o Movimento Abolicionista cumpre a função, enquanto espaço privilegiado, onde se neutralizam as formas de contestação à condição escrava, de projetar para o futuro reivindicações fundamentais da população negra, que na contemporaneidade continuam a tensionar a agenda social brasileira.

Nabuco (2011) usa como argumento para o abolicionismo o que ocorre na região sul dos Estados Unidos da América, onde a liberdade norte-americana, de maneira formal e universal, ocorre com a proclamação do Presidente Abraham Lincoln, que declara livres todos os milhões de negros escravizados do Sul, pela pressão dos Estados do Norte, contrários à separação do Sul. Destaca que os Estados do Sul eram sociedades organizadas sob a égide da violação de direitos humanos, mas precisaram se curvar à vontade do restante do país. Em relação ao Brasil, faz a crítica de que aqui ocorreu uma confusão de classes e indivíduos, naquilo que o autor denominou como o caos étnico, de proporções gigantescas. Para ele, no caso brasileiro, não há uma linha divisória; antes, trata-se de uma sociedade estruturada sobre a égide da escravidão, mas também contaminada por ela em todos os estratos sociais, e o que se verifica aqui é uma habilidade maior em promover o contato entre brancos e negros, a incorporação de alguns valores culturais, a valorização da miscigenação, entre outros aspectos.

> Ao abordar a questão da mestiçagem do final do século XIX, os pensadores brasileiros se alimentaram sem dúvida do referencial teórico desenhado pelos cientistas ocidentais, isto é, europeus e americanos de sua época e da época anterior... a ideia da mestiçagem tida ora como um meio para estragar e degradar a boa raça, ora como um meio para reconduzir a espécie a seus traços originais; as ideias sobre a degenerescência da mestiçagem etc., todo o arcabouço pseudocientífico engendrado pela especulação cerebral ocidental repercute com todas suas

contradições no pensamento étnico-racial da elite intelectual brasileira. (Munanga, 2004, p. 85)

O fim do regime escravista se caracteriza por uma nova exigência de pensar a construção da identidade nacional e o lugar da(o) negra(o) como integrante dessa sociedade. Nesse contexto, na vida cotidiana há uma tendência a reproduzir os estigmas sobre a população negra, bem como a desqualificação da sua existência. O debate sobre raça ocupa posição central e diversos intelectuais tematizam sobre o assunto e propõem caminhos para o fortalecimento da identidade nacional, por meio da invisibilidade da significativa presença negra na formação da sociedade brasileira (Munanga, 2004). O caminho escolhido para tal desenlace é a defesa da mestiçagem, como possibilidade de fortalecimento da imagem de um Brasil culto e civilizado. Munanga destaca, entre outros autores, o pensamento de Oliveira Viana que, na década de 1920, sistematiza e enfatiza um complexo de ideias racistas, produzidas por seus predecessores na defesa do branqueamento. Oliveira Viana divide os mestiços em dois grupos: superiores, que no processo contínuo de cruzamento com a raça branca e superior, em quatro ou cinco gerações, perderiam qualquer referência com seu passado africano; e inferiores, que seriam naturalmente extintos pela degenerescência, pela morte, pela sua incapacidade moral e psicológica. Assim o fenótipo é que importa e:

> Visto por esse ângulo, Viana é um dos grandes protagonistas da construção da ideologia racial brasileira, caracterizada pelo ideal de branqueamento que Oracy Nogueira teve mais tarde o mérito de configurar como preconceito de "marca" ou de "cor" em oposição ao preconceito de origem, baseado numa gota de sangue, vigente nos Estados Unidos. (Munanga, 2004, p. 97)

A miscigenação, enquanto estratégia orientada pelo discurso eugênico, pode ser bem-sucedida nas previsões mais otimistas, ao cabo de cinco gerações de clareamento. Esse caminho é apontado por

Lacerda (1911) como saída para a extinção da "classe degenerada", numa seleção natural, que culminaria, em 2012, com a supressão da presença negra no país. A partir de análises estatísticas oficiais, produzidas pelo doutor Roquete Pinto, o autor deduz que com o aumento progressivo da população branca no Brasil e, paralelamente, a redução do contingente de população negra, haveria ao final de um século a extinção da presença negra no país. (Eurico, 2013)

A dinâmica das relações sociais inviabiliza tais proposições, que serão abandonadas, principalmente, em decorrência do debate acerca da superioridade étnico-racial em efervescência na Europa, cujo viés é culturalista. Esse pensamento influencia diversos cientistas sociais brasileiros, que passam a deslocar a "questão do negro" do plano biológico para o plano cultural, em meados da década de 1930. O culturalismo, por sua vez, parte da premissa de que a diversidade humana é determinada, basicamente, pelo aspecto cultural. Se a visão eurocêntrica de mundo atribui aos outros, não brancos, um lugar inferior na escala evolutiva, há que se deduzir que o modo de ser dos povos africanos será fetichizado, em um minucioso processo, que rechaça seus modos de produção, seus valores, suas tradições e seus elementos culturais e religiosos. Pela via do culturalismo floresce a possibilidade de uma convivência mais harmoniosa entre brancos e não brancos, e a mestiçagem passa a ser defendida como elemento que constitui o povo brasileiro.

O caos étnico descrito por Nabuco (2011) expressa as mudanças ideológicas e lutas políticas intrínsecas às transformações econômicas e sociais no século XIX, o modo como a classe dominante encara as relações étnico-raciais no país e justifica, em certa medida, a preferência pelo trabalhador imigrante, no processo de transição para o trabalho livre. A transição dos modos de produção não ocorre de maneira linear e harmoniosa, ao contrário disto, configura-se como um processo absolutamente contraditório, que se desenvolve de maneira lenta e conflituosa. Com a expansão e modernização das áreas capitalistas mais desenvolvidas, ocorre a incorporação do trabalho livre em detrimento da utilização da mão de obra do negro escravizado nessas regiões. Entretanto, na região Sudeste do país, o processo ocorre de maneira inversa, com a expansão da utilização da força de trabalho sob o regime de escravidão, dada a necessidade de produção de artigos coloniais para exportação, dos quais o café é o produto mais significativo dessa incongruência. "Foi o café o grande responsável pelo aumento do número de escravos e pela modificação das estatísticas. São Paulo passará, com o Rio e Minas, a deter, em 1887, 50% da população escrava do país". (Costa, 2010, p. 67)

Além disso, os grandes latifundiários, que estavam habituados a tratar a população negra de maneira desumana e violenta, ao reproduzir o mesmo comportamento com grupos de imigrantes são surpreendidos com a revolta e o abandono dos postos de trabalho nas fazendas por parte destes atos que não serão considerados criminosos. Os interesses coletivos presentes nesse processo convergem com a ideia de que a imigração é funcional para o projeto de branqueamento do país; contudo, a chegada dos trabalhadores europeus desagrada alguns setores, como os grandes latifundiários e os pequenos proprietários de terras. Os primeiros querem ampliar a posse da terra, enquanto os segundos preferem a manutenção do negro escravizado, porque os imigrantes são "exigentes" demais. Mas há também "o trabalhador livre nacional, que ocupa funções específicas, em número reduzido, como feitor, carreiro e em funções mais perigosas, em que a perda do negro escravizado representaria prejuízo direto para o proprietário". (Costa, 2010, p. 71)

A pesquisa, elaborada por Costa (2010), revela que o projeto de imigração fora alavancado ainda no início do século XIX e a parcela de imigrantes que desembarcou no Brasil, até meados de 1870, vivia sob condições de trabalho degradantes. As situações recorrentes de grupos de imigrantes que, ao desembarcarem no Brasil, e se depararem com um cenário diferente daquele que fora idealizado pelas propagandas governamentais, abandonam o local de trabalho são vexatórias; contudo, não há como comparar a condição de um grupo que chega ao país por meio do tráfico de pessoas e é tratado como mercadoria durante todo o período da escravidão, com outro que é convidado a desembarcar no país porque poderia libertar o Brasil do seu passado aviltante. As condições em que vivem imigrantes europeus e a população negra no

RACISMO NA INFÂNCIA   49

momento seguinte à abolição são diferentes e precisam ser apreendidas e problematizadas, sob pena de recair novamente sobre este grupo a insígnia da incapacidade para o trabalho livre. Aqui o que está em jogo não é simplesmente o modo como ocorre a expropriação da força de trabalho de cada grupo étnico-racial, mas a cor da pele branca enquanto canal de ruptura com a herança escravocrata.

O tratamento diferenciado é dispensado ao imigrante europeu e se justifica pela necessidade que o país tem de formar uma nação moderna, cuja imigração, meticulosamente controlada, pode evitar a presença daqueles que também são considerados indesejáveis, dentre os quais estão chineses e japoneses. "O problema, mais uma vez, é o possível resultado 'negativo' da miscigenação (o medo de 'amarelar' o futuro povo brasileiro)". (Seyferth, 2002, p. 138)

> O mercado de trabalho livre no Brasil foi, assim, moldado por uma política de imigração, cuja perspectiva era mais do que uma simples estratégia de substituição da mão de obra. A imigração, favorecida por taxações e subvenções, em detrimento da mão de obra nacional, era parte de um projeto de nação que tinha no embranquecimento uma de suas mais importantes estratégias... no país que convive e vive da desigualdade, o negro, ao perder o lugar central no mundo do trabalho, não deixou de exercer um papel social como o núcleo maior dos pobres, prestadores de serviços aos quais as classes médias recorrem ostensiva e sistematicamente. (Theodoro, 2008, p. 39-40)

O desejo de branqueamento da nação desencadeia uma série de medidas, no período, de incentivo à vinda de trabalhadores europeus qualificados e descendentes das *raças superiores*, bem como "incentivos a todos os fazendeiros que quisessem instalar imigrantes europeus em terras". (Theodoro, 2008, p. 35) A proposta de imigração subsidiada pelo governo brasileiro perdurou até 1928.

A ideia do branqueamento também está presente na produção científica do período, justificando a miscigenação. "Não é custoso reforçar que a promoção da imigração era claramente assentada na ideologia do branqueamento". (Theodoro, 2008, p. 35) A concepção acerca da população negra, nas primeiras décadas do século passado, se baseia no pensamento evolucionista segundo o qual a inferioridade racial é consequência da condição biológica. A miscigenação, no caso brasileiro, hierarquiza, via discriminação étnico-racial, a parcela não branca da população nas suas diversas gradações. O pensamento racial brasileiro se organiza a partir da defesa do branqueamento, como caminho possível para melhorar a imagem do país; da negação da presença negra considerada negativa; e da valorização da figura do mestiço que, ainda que não se compare ao branco, é melhor que o negro.

1.2 A complexidade das relações étnico-raciais no Brasil: metamorfoses na transição do século XIX para o século XX

Se partimos do pressuposto de que a raça humana é diversa e que os sujeitos apresentam semelhanças e diferenças, qual a importância atribuída ao fenótipo na reprodução do racismo moderno? Não existe uma única resposta para essa pergunta, posto que o assunto é absolutamente complexo e implica adentrar pelo campo da ideologia e da sua funcionalidade em cada período histórico, na direção da manutenção dos privilégios, que grupos humanos se autoatribuem e se apropriam, seja pelo consenso, seja pela coerção da sociedade.

A negação da existência do racismo no Brasil, por vezes, se sustenta no modo como esse ocorre no território norte-americano a exemplo do "Jim Crow", que exibia um padrão de relações raciais violento, conflitivo, segregacionista contra a população negra, respaldado em regras precisas de filiação grupal. O fato é que lá e aqui a abolição da escravidão, do ponto de vista legal, não solucionou a questão da hierarquização dos grupos étnico-raciais a partir do padrão da branquitude. Nos Estados Unidos da América o congresso aprovou oficialmente o fim da escravidão no ano de 1865, o que na

RACISMO NA INFÂNCIA

prática não implicou em igualdade jurídica e acirrou os conflitos. No ano seguinte, para defender a hegemonia branca, surgiu a sociedade secreta Ku Klux Klan, uma organização racista, calcada na violência extremista. Seu nascimento está ligado ao fato de os brancos não aceitarem a integração dos negros norte-americanos, após a Guerra da Secessão. Desde seu surgimento, a ideologia permanece igual, incitando o ódio racial, a segregação e o extermínio dos negros e exaltando a supremacia branca, sendo que na atualidade a organização tem um alcance menor, o que não significa que seja menos danosa e que não existam muitos seguidores e simpatizantes.

Um dos caminhos propostos para solucionar a violência racial nos EUA[4] e garantir a supremacia branca era a organização de um plano de retirada dos afro-americanos para outro lugar no continente. O lugar que se vislumbrava no horizonte para essa missão era o Brasil, que ainda não abolira a escravidão e oferecia as condições necessárias para um novo deslocamento forçado dessa parcela da população negra africana e seus descendentes. O argumento central se referia ao clima, considerado ideal e semelhante a diversos países da África, pois o Brasil possuía uma vasta extensão territorial, coberta de vegetação e pouco explorada, dentre outros atributos naturais. A natureza associada à "inferioridade" racial são os indicadores da imperiosa separação entre os grupos étnico-raciais, para a manutenção dos privilégios da classe dominante e justificam a escolha da Região da Amazônia como lugar ideal para realocar esse grupo. Tal intencionalidade está registrada em vários documentos elaborados pelo governo norte-americano, que aprova, inclusive, uma verba significativa no congresso americano para essa ação, bem como nas consultas realizadas para receber a autorização do governo brasileiro, assunto explorado por Sampaio

---

4. Os Estados Unidos já haviam apoiado, de maneira não oficial, o sonho de libertação da população negra norte-americana, reenviando muitos, no início do século XIX, para o continente africano, para se estabelecerem na Libéria. A luta contra a segregação racial atingiu milhares de pessoas e culminou com a organização do Movimento pelos Direitos Civis da população negra, que ocorreu entre 1955 e 1968 e exigia igualdade de direitos, com o fim da segregação racial. Dentre as formas organizadas de resistência, elencamos os movimentos pacíficos liderados por Martin Luther King e confronto direto e armado como o Movimento Black Power e o Partido dos Panteras Negras.

(2009)[5]. O Brasil, entretanto, recusa a proposta, pois aqui o sonho da nação branca fora destruído pelas relações interétnicas e aumentar o contingente populacional negro não era interessante.

No Brasil, ao contrário da segregação racial oficial, o que se identifica com frequência são outros modos de segregação, como a segregação no espaço urbano, o encarceramento em massa, com uma parcela considerável de pessoas aprisionadas sem o devido processo legal (disposições legais que criminalizavam a população negra de forma indireta), o processo de deslocamento forçado dentro do próprio território, em virtude da luta pela posse da terra, entre outras formas de apartação.

> O modelo brasileiro, ao contrário, mostrava uma refinada etiqueta de distanciamento social e uma diferenciação aguda de status e de possibilidades econômicas, convivendo com equidade jurídica e indiferenciação formal; um sistema complexo e ambíguo de diferenciação racial, baseado, sobretudo, em diferenças fenotípicas, e cristalizado num vocabulário cromático. (Guimarães, 1999, p. 39)

Por aqui, a tônica sempre foi de colaboração entre os grupos étnico-raciais, erguido sob a égide da internalização da inferioridade do grupo dominado e da virtude da classe dominante, cordial desde que a população negra não avance além das fronteiras que lhes são objetiva e subjetivamente impostas. Por aqui há uma inclusão perversa e o discurso da cordialidade dificulta a organização radical da população negra que, geralmente, sequer compreende seu lugar racial subalterno na organização da sociedade brasileira.

Na década de 1930, as teorias raciais passam a ser questionadas, pois o país busca saídas para a questão do desenvolvimento nacional,

---

5. Sampaio, Maria Clara Sales Carneiro. *Fronteiras negras ao sul*: a proposta dos Estados Unidos de colonizar a Amazônia brasileira com afrodescendentes norte-americanos na década de 1860. Orientador: Maria Helena Pereira Toledo Machado (Dissertação: Mestrado em História). Faculdade de Filosofia, Letras e Ciências Humanas, Departamento de História. Universidade de São Paulo, São Paulo, 2009.

momento em que as ideias disseminadas a partir da obra de Gilberto Freyre ganham credibilidade, com o deslocamento do paradigma da raça para a cultura. Em outras palavras, o autor destaca as contribuições dos povos ditos inferiores para a formação do Brasil, no tocante à culinária, música e sexualidade do povo brasileiro, exaltando as relações cordiais entre a casa grande e a senzala. Em Freyre, a mestiçagem é um valor positivo (Munanga, 2004), entretanto, o autor ignora a perversidade das relações étnico-raciais e sua funcionalidade na manutenção da ideia da inferioridade negra.

A partir da análise de clássicos como o livro *Casa Grande e Senzala, O negro no Brasil* e *Raízes do Brasil,* compreende-se que a ideologia expressa em tais obras oferece um panorama do culturalismo presente à época, que explica a inferioridade racial da população negra a partir do olhar do colonizador, cuja compreensão das concepções africanas sobre a espiritualidade, sobre a relação entre o sagrado e a natureza, sobre a conexão entre mulheres/homens e as divindades é descontextualizada e equivocada. Ao restringir a diversificada influência da população negra no Brasil aos elementos culturais, essa forma de abordagem desconsidera as determinações presentes no processo cultural: seus aspectos sociopolíticos. A cultura aparece esvaziada de sentido crítico, de preocupação com as determinações sociais e políticas, enfim, surge apartada da totalidade social.

Apesar dessa visão reducionista, as formas de organização por meio das manifestações culturais, espalhadas por todo o país, são espaços de contestação da população negra, que questiona a liberdade abstrata, que não outorga direito de fato. (Tavares, 2006) Uma análise profunda de organizações e grupos negros em centros urbanos na atualidade deve recorrer ao contexto histórico desse segmento após a Abolição, à desarticulação social a que é submetido e à resistência associada a outros movimentos sociais. (Moura, 1994) Inicialmente, as organizações possuem um cunho religioso, beneficente e cultural, depois são transformadas em clubes de lazer, casas ou salões de baile.

A grande massa de trabalhadores negros tem nos blocos carnavalescos um lugar de produção cultural exemplar e de socialização.

Articulados em torno desses grupos, podem recriar a vida na cidade preservando as formas tradicionais do samba. A classe média negra constrói instituições específicas para atender às suas demandas, como o jornal *A Voz da Raça*, órgão que veicula as concepções políticas da Frente Negra Brasileira (FNB), criada em 1931, (Silva, 2006) a partir da necessidade de adaptação da forma de expressão e organização da luta pela defesa de direitos. Rapidamente, o movimento cresce por todo o país, e chega a reunir 200 mil pessoas. Porém, em 1937, em virtude da forte repressão do governo de Getúlio Vargas contra todos os movimentos de oposição ao regime, a FNB deixou de existir, permanecendo vivo o ideal de um movimento negro organizado. (Tavares, 2006) Em 1944, Abdias do Nascimento, um dos antigos líderes da organização, participa da fundação do Teatro Experimental do Negro (TEN), com o objetivo de valorizar a presença negra no Brasil, exorcizar os estereótipos herdados desde a colonização e denunciar as práticas discriminatórias sofridas cotidianamente.

> Numa série de palestras proferidas há mais de cinquenta anos nos Estados Unidos e depois publicadas sob o título de *Interpretação do Brasil*, o sociólogo brasileiro Gilberto Freyre descreveu o idílico cenário da democracia racial brasileira. Embora reconhecesse que os brasileiros não foram inteiramente isentos de preconceito racial, Freyre argumentava que a distância social, no Brasil, fora o resultado de diferenças de classe, bem mais do que de preconceitos de cor ou raça. Como os negros brasileiros desfrutavam mobilidade social e oportunidades de expressão cultural, não desenvolveram uma consciência de serem negros da mesma forma que seus congêneres norte-americanos. Freyre também apontou o fato de que, no Brasil, qualquer pessoa que não fosse obviamente negra era considerada branca. (Costa, 2010, p. 367)

A análise de Gilberto Freyre expõe um pensamento que, ainda hoje, permeia o imaginário social: de que a questão da desigualdade étnico-racial pode ser equacionada à medida que as diferenças de classe sejam minimizadas. Essa concepção encontra respaldo em algumas exceções, tendo como referência algumas pessoas negras, que são figuras públicas e alcançaram uma dada mobilidade social "fora" da raça e atribuem isso exclusivamente ao esforço individual. A parcela majoritária da população negra brasileira não ocupa o lugar social que Freyre supunha[6].

> Foi no processo de miscigenação que Freyre julgou terem os brasileiros descoberto o caminho para escapar dos problemas raciais que atormentavam os norte-americanos. Cerca de vinte anos depois, uma nova geração de cientistas sociais, estudando as relações raciais no Brasil, chegou a conclusões bastante diferentes. Estes cientistas acumularam uma nova quantidade de evidências de que os brancos no Brasil foram preconceituosos e de que os negros, apesar de não terem sido legalmente discriminados, foram "natural" e informalmente segregados. (Costa, 2010, p. 368)

Interessante notar que há no período uma exaltação das inter-relações entre brancos e negros, cenário em que a mestiçagem via cruzamentos inter-raciais camufla a apreensão das reais tensões entre os dois grupos. A negação do preconceito e da discriminação étnico-racial se constitui enquanto uma bandeira de luta, cuja base é conservadora, e os intelectuais, incumbidos de empreender a tarefa de explicar como se desenvolvem as relações raciais no Brasil, ao questionarem essa estrutura antidemocrática, por vezes, foram acusados de criar um problema racial. (Costa, 2010)

O processo civilizatório brasileiro passa, necessariamente, pela ideologia do branqueamento, iniciada com a defesa da miscigenação, com o propósito de "melhorar" a identidade nacional, eliminando da história a presença concreta e simbólica da população negra. O mestiço era, portanto, um mal necessário, um mal menor, é verdade, mas um

---

6. Por volta de 1930 foi que começaram a aparecer, primeiro nos jornais e nas organizações de luta negra, expressões como "preconceito racial", "discriminação racial", "segregação racial". Eram desconhecidas, porque a sociedade brasileira não precisava delas: os negros não disputavam lugares com os brancos. Eram necessárias agora que o capitalismo em desenvolvimento acirrava as competições. (Santos, 1984, p. 56)

mal, e o processo de branqueamento oferecia o passaporte necessário para o acesso à vida civilizada e naturalmente democrática.

Portanto:

> O estudo das relações raciais no Brasil está fundamentado em duas grandes correntes. A primeira, com ênfase na mestiçagem ou miscigenação, como instrumento de integração e das relações cordiais entre os diferentes, entre as raças... Essa corrente está fundamentalmente baseada nos estudos de Freyre, a partir de 1930. A segunda corrente começa com as pesquisas de Florestan, na década de 1950, mostrando as desigualdades raciais na sociedade brasileira, desigualdades que seriam, segundo ele, superadas com o avanço do capitalismo. (Telles *apud* Silva, 2006, p. 33)

As determinações sócio-históricas, que concorrem para a manutenção da desigualdade de classes, são analisadas com profundidade a partir da década de 1950, quando o sociólogo Roger Bastide inicia os estudos acerca do negro brasileiro, na interface entre dimensão cultural e inserção social. Roger Bastide e Florestan Fernandes coordenam, a partir de 1951, o desenvolvimento da pesquisa encomendada pela Organização das Nações Unidas para a Educação, a Ciência e a Cultura (Unesco) sobre a questão racial no Brasil. Ao final daquela década, as conclusões da pesquisa refutam a ideia de democracia racial, denunciam a persistência do colonialismo profundamente destrutivo, de uma abolição feita como revolução de branco para branco e do acirramento da desigualdade entre brancos e negros no país.

A pesquisa comprova que há, no Brasil, uma estrutura racista das relações sociais, portanto, o país está longe de ser modelo de convivência social, baseada no respeito às diferenças do ponto de vista do pertencimento étnico-racial. Internacionalmente, o nazismo, com suas práticas de perseguição, confinamento, tortura, exploração e assassinato do povo judeu, ao longo da Segunda Guerra Mundial, cujo extermínio é determinado pelo componente étnico, abala o velho continente e tem como um dos desdobramentos a decisão da Unesco de recomendar a substituição do conceito de raça pelo conceito de etnia, a partir da década de 1950. A proposição visa coibir as teses ancoradas na inferioridade biológica, como justificativa para a desigualdade social e para a violência étnico-racial, injustificável sob qualquer ângulo, uma vez que o holocausto atinge parte da população branca. Em outras palavras, enquanto a violência racial atingia de maneira mais expressiva a população negra, na África e na diáspora, a supremacia branca estava "protegida" e os atos bárbaros são armas necessárias para manter a ordem e a civilidade; porém quando o grupo discriminado é branco, raça torna-se um conceito perigoso a exemplo da violência racial no contexto do genocídio do povo judeu promovido pelos nazistas.

O que se coloca como desafio é apreender as bases objetivas e subjetivas sob as quais as relações raciais se estruturam no Brasil, imbricadas por aquele pensamento, visto que o senso comum carece da devida apropriação de elementos da produção científica atual, refutando tal ideologia. Ou seja, dizer que não existe democracia racial não explica a reprodução do racismo, que age sem pausa, cotidianamente, e é silenciado, seja pela mídia, seja pela academia, seja pelo adoecimento do corpo e da mente da população negra.

> A desagregação do regime escravocrata e senhorial se operou, no Brasil, sem que se cercasse a destituição dos antigos agentes de trabalho escravo de assistência e garantias que os protegessem na transição para o sistema de trabalho livre. Os senhores foram eximidos da responsabilidade pela manutenção e segurança dos libertos, sem que o Estado, a Igreja ou qualquer outra instituição assumisse encargos especiais, que tivessem por objeto prepará-los para o novo regime de organização da vida e do trabalho. [...] essas facetas da situação [...] imprimiram à Abolição o caráter de uma espoliação extrema e cruel. (Fernandes, 1978, p. 15)

Para Florestan Fernandes, a Abolição se configurou como uma medida extrema e cruel, porque a forma como a população negra é tratada desde a promulgação da Lei Áurea, sem qualquer medida protetiva, a coloca em uma situação aviltante, com chances remotas de superação da pobreza geracional, que se mantinha no curso do regime escravagista. Por outro lado, a classe dominante, que projetava no horizonte a formação de um país livre, próspero e semelhante aos países europeus, depositava a esperança de uma outra identidade nacional no abandono da população negra.

A transição nacional ocorreria pela transição racial, ou, para ser mais exata, a miscigenação provocara uma desordem nacional, mas não era possível apagar essa marca do povo. Então, aqueles que eram totalmente avessos à mestiçagem, acusada por promover a degeneração[7] da raça, foram substituídos por grupos que veem na própria mestiçagem a salvação do povo brasileiro.

1.3 O mito da democracia racial e sua funcionalidade na contemporaneidade

O momento atual da sociedade brasileira é propício para que se esmiúce a funcionalidade do mito da democracia racial, afinal, a realidade diariamente nos impõe a necessidade de refletir, criticamente, sobre a persistência do racismo, materializado em situações recorrentes de preconceito e discriminação étnico-racial, em diversas esferas da vida cotidiana.

> Os mitos sociais, como sabemos, são constantemente criados e destruídos. São uma parte integrante da realidade social e não devem ser vistos meramente como um epifenômeno. Na vida diária, mito e realidade estão inextrincavelmente inter-relacionados. Os cientistas sociais e os historiadores operam no nível da mitologia social e eles mesmos, quer queiram quer não, ajudam a destruir e a criar mitos. No processo, a "verdade" de uma geração muito frequentemente torna-se o mito da geração seguinte. (Costa, 2010, p. 369)

---

7. "Nas décadas de 60 e 70 do século XIX, teóricos europeus, como o conde de Gobineau e o médico francês Louis Couty, e também um americano, o zoólogo Louis Agassiz, estiveram no Brasil e elaboraram análises sobre a 'realidade brasileira'. Nessas análises, determinaram a 'inferioridade negra' e viram na mestiçagem a produção de elementos degenerados que só poderiam levar o Brasil à barbárie". (Valente, 1994, p. 32)

Para apreender as múltiplas determinações que conformam o discurso da democracia racial, a partir de 1930, e a denúncia de que esta configura-se em um mito ocorrido nos anos 1960, a análise de Costa é essencial:

> Um poderoso mito, a ideia da democracia racial — que regulou as percepções e até certo ponto as próprias vidas dos brasileiros da geração de Freyre — tornou-se para a nova geração de cientistas sociais um arruinado e desacreditado mito... como puderam os brasileiros cultos, fossem eles brancos ou negros, ignorar a discriminação racial quando esta estava claramente demonstrada pelas estatísticas oficiais amplamente divulgadas?... As estatísticas não eram secretas e nem difíceis de ser interpretadas. Mas foram ignoradas. E existiam muitos outros dados como esses para demonstrar o predomínio branco e a discriminação contra os negros, dados esses nos quais ninguém prestava atenção. É importante explicar não apenas como os brasileiros puderam ser cegos a tais realidades sociais, mas também por que eles intencionalmente definiram o Brasil como uma democracia racial. (Costa, 2010, p. 370-371)

Na esteira de possibilidades interpretativas acerca do mito da democracia racial, Costa (2010) identifica três correntes, que ora são utilizadas individualmente, ora são utilizadas de modo complementar: a) as transformações ocorridas, a partir do século XX, no interior da sociedade brasileira, com o crescente processo de industrialização e urbanização dos espaços, decorrentes do desenvolvimento do sistema capitalista no país, que acirra a luta de classes e exacerba as manifestações de racismo no cotidiano; b) que as ideologias são produzidas pela classe dominante para camuflar diversos mecanismos de opressão ou para manter o poder político, ou seja, "que o mito da democracia racial foi uma distorção — deliberada ou involuntária — do real padrão das relações raciais no Brasil"; c) e, por fim, que as influências das teorias raciais que se difundem na Europa e nos Estados Unidos da América adquirem amplitude no país e "o mito da democracia racial apareceria, então, como uma tentativa de acomodar as ideias racistas europeias". (p. 372)

Na opinião da autora, com a qual concordamos, as diversas interpretações sobre relações étnico-raciais no Brasil, naquele momento histórico, nos oferecem uma visão parcial da questão, que "tem levado a distorções das quais devemos estar cientes para evitar suas ciladas. Elas são reducionistas, estabelecem falsas correlações e omitem importantes mediações". (p. 374)

A defesa da democracia racial carrega em si um importante componente ideológico, que tem razão de ser na dinâmica das relações sociais brasileiras e que afeta o conjunto da sociedade de maneira diversa. Seria, no mínimo, um equívoco supor que os brancos organizaram unilateralmente um discurso bem elaborado acerca das relações democráticas no Brasil, embora se beneficiem da estruturação de poder, erigida sob o símbolo da discriminação étnico-racial.

A ideologia atinge o conjunto da sociedade, e uma parcela minoritária da população negra, que ascende socialmente, em uma sociedade racista, em alguma medida compartilha do mito com a classe dominante, ainda que na vida cotidiana seja tratada a partir do seu lugar, nomeadamente da inferioridade racial, que pode ser tolerada eventualmente se seu padrão social e econômico for alto. Alguns sujeitos buscam esse lugar de destaque e passam a servir de vitrine para a classe dominante, a representar a possibilidade de convivência social, pela valorização da(o) morena(o)[8] como síntese da nossa brasilidade, sem incidir sobre a base do problema, que está vinculado à desigualdade entre as classes sociais, de natureza étnico-racial.

---

8. Moreno guarda proximidade com o mulato/mulata: "termo utilizado para se referir ao filho de um branco e um negro: mulato, diminutivo para o termo espanhol *mulo*, ou seja, a cria estéril de um cruzamento de égua com jumento". (Schucman, 2014b, p. 79) Trata-se de um termo que na linguagem popular autoriza o desfrute de corpos negros, racializados e concebidos como objeto sexual, como expresso na marchinha de carnaval de Lamartine Babo e Irmãos Valença, lançada na década de 1920: "mas como a cor não pega mulata, mulata eu quero seu amor". Ao longo do texto será utilizado excepcionalmente quando for imprescindível realizar a citação direta da(o) autora(autor). O uso do termo é inadmissível se apreendemos as consequências danosas na vida da população negra e deve ser riscado das nossas conversas coloquiais, na elaboração de instrumentais técnico-operativos e/ou na produção acadêmica, como parte da luta antirracista.

Em síntese, dar credibilidade ao mito pode significar um tratamento diferente para uma parcela pequena da população negra, ainda que o racismo permeie essas relações e siga sendo camuflado, sempre que interesses maiores justifiquem o tratamento à base da "tolerância". Se a funcionalidade da(o) negra(o), que ascendeu socialmente, for dispensável, em um dado momento, ela(ele) retornará à condição anterior, de onde, na essência, jamais saiu.

> É óbvio que os brancos se beneficiaram com o mito. Mas também é verdade que os negros se beneficiaram igualmente, embora de uma maneira mais limitada e contraditória. A negação do preconceito, a crença no "processo de branqueamento", a identificação do mulato como uma categoria especial, a aceitação de indivíduos negros entre as camadas da elite branca tornaram mais difícil para os negros desenvolver um senso de identidade como grupo. De outro modo, criaram oportunidades para alguns indivíduos negros ou mulatos ascenderem na escala social. Embora socialmente móveis, os negros tinham, entretanto, que pagar um preço por sua mobilidade: tinham que adotar a percepção que os brancos possuíam do problema racial e dos próprios negros. Tinham que fingir que eram brancos... Se alguns deles estavam conscientes das sutis formas de preconceito e discriminação, fizeram questão de não mencioná-las. Esses indivíduos compartilharam com os brancos o mito da democracia racial. (Costa, 2010, p. 377)

Para Costa (2010), a compreensão das relações raciais, de construção e validação do mito e de seu questionamento, na década de 1960, pressupõe a análise do sistema de clientelismo e patronagem, no qual o lugar de classe e pequenas alterações nesse estado eram promovidas pela classe dominante, que deliberava sobre até onde a população negra poderia chegar, sem colidir com seus interesses.

> No interior desse sistema, brancos pobres, negros livres e mulatos (a maioria da população) funcionavam como a clientela da elite branca. A mobilidade social não era obtida por meio da competição direta no mercado, mas por meio de um sistema de patronagem no qual a palavra decisiva pertencia à elite branca. (p. 380)

A tão temida ascensão social da população negra, que se expressa nas alternativas de segregação propostas pelos brancos norte-americanos, não assusta a elite brasileira, segura de seu lugar de classe intocável e de que a mobilidade social aqui depende da autorização da classe dominante.

No caso da população negra, o tratamento é considerado democrático porque em vez do extermínio direto do grupo, a sociedade opta por, democraticamente, forjar um novo "tipo" racial, o que permite aos negros e negras se "aproximar" dos brancos, promovendo a redenção das gerações futuras. Via miscigenação, democraticamente, aquilo que remete à herança africana será ignorado, até que entre os brasileiros se instale um período de paz social, com aceitação de que a herança europeia é a que nos oferece vantagens. Obviamente, a estratégia tem se mostrado, ao longo dos anos, incoerente porque promove uma falsa acomodação do real e os conflitos se acirram década após década, a exemplo do que ocorre com a juventude negra, que continua a ser alvo da violência de Estado e vítima preferida dos grupos de extermínio no país.

> Assim é o racismo brasileiro: sem cara. Travestido em roupas ilustradas, universalistas, tratando-se a si mesmo como antirracismo... Para este racismo, o racismo é aquele que separa, não o que nega a humanidade de outrem; desse modo, racismo, para ele, é o racismo do vizinho (o racismo americano). (Guimarães, 1999, p. 57)

A sociedade brasileira, ainda hoje, trata a questão do racismo como um tabu, alvo de conversas superficiais, que facilmente desembocam em exemplos de como as relações étnico-raciais são democráticas. Exemplos que, de tão repetidos, soam como "história para boi dormir". Sem racionalidade possível, essas histórias continuam a confundir a realidade e a limitar medidas de combate ao racismo. O racismo moderno surge no exato momento histórico em que o projeto de dominação capitalista precisa estabelecer regras para validar a exploração, a opressão e a dominação de um grupo sobre o outro. Para ser mais precisa, racismo moderno surge quando um grupo, cuja origem comum é o continente europeu, se autodeclara branco. Ao se declarar branco, atribui aos termos valores positivos, que lhe outorga uma dada superioridade. Toda superioridade pressupõe uma dada inferioridade, e esse grupo atribui aos outros, não brancos, valores negativos, que culmina com a construção da inferioridade.

A estratégia de escravização dos povos negros africanos inaugura em terras brasileiras, no bojo da ocupação colonial, uma organização hierárquica das relações sociais, a partir do antagonismo entre os dois grupos: brancos e negros, que são tratados de maneira desigual do ponto de vista econômico, político, social e cultural. Na esfera da vida cotidiana, o racismo será reproduzido por meio de preconceitos contra a população negra, a partir da naturalização de características físicas (cor da pele, formato do nariz, textura do cabelo, entre outras); do desenvolvimento cognitivo empobrecido (baixa capacidade intelectual, ausência de habilidades como liderança, caráter nobre, estima elevada); e capacidade para a servidão (subserviência, conformismo, apatia, são valorizados), bem como dotada de uma violência nata, que justifica a ação do Estado para controlar as revoltas.

A persistência das desigualdades sociais revela o quanto o preconceito étnico-racial orienta o modo de organização das relações sociais e cumpre a função de manter vivo no cotidiano as expressões que a ideologia racista logrou introjetar no imaginário social. Uma vez introjetado, passa a ser validado e quando alguma situação cotidiana desnuda o preconceito étnico-racial, este ganha força e se materializa em uma ação de discriminação do outro, seja em virtude da cor seja dos valores culturais que identificam a própria população negra. Tal ação é orientada pelo juízo de valor do autor da violência.

> O *racismo* no Brasil enquanto uma construção sócio-histórica traz consigo o *preconceito* e a *discriminação racial*, acarretando prejuízos à população negra nas diferentes fases do ciclo de vida, independente da camada social e da região de moradia. Reforça-se pela linguagem comum, mantém-se e alimenta-se pela tradição e pela cultura, ao mesmo tempo em que influencia a vida, a forma como as instituições se organizam e as relações interpessoais. (Lopes; Quintiliano *apud* Eurico, 2013, p. 295)

A essa altura, há que se situar o uso do termo raça neste estudo, pois ainda que o conceito de raça não se sustente a partir do biológico, o debate sobre raça não é uma falsa questão, uma vez que os grupos raciais constroem concepções acerca dos outros grupos raciais, no intuito de marcar a diferença. Do ponto de vista biológico, somos todos pertencentes à raça humana, mas as manifestações cotidianas de discriminação e preconceito étnico-racial se constroem, no processo de sociabilidade, a partir da elaboração de um conjunto de atributos físicos, intelectuais, culturais e religiosos, que outorgam à população negra um lugar de desqualificação. "Trata-se de um sistema de marcas físicas (percebidas como indeléveis e hereditárias), ao qual se associa uma 'essência', que consiste em valores morais, intelectuais e culturais". (Guimarães, 1999, p. 28) A opção pela permanência do termo é um imperativo ético e justifica-se pelo modo como o racismo opera no Brasil:

> As raças são categorias históricas, transitórias, que se constituem socialmente a partir das relações sociais: na fazenda, engenho, estância, seringal, fábrica, escritório, escola, família, igreja, quartel, estradas, ruas, avenidas, praças, campos e construções. Entram em linha de conta caracteres fenotípicos. Mas os traços raciais visíveis, fenotípicos, são trabalhados, construídos ou transformados na trama de relações sociais. (Ianni, 1992, p. 120)

Após 1950, a partir da recomendação da Organização das Nações Unidas (ONU), que concebe o conceito de raça como uma estratégia equivocada na análise das relações sociais, diversos teóricos optam por substituí-lo pelo conceito de *etnia*, que se refere a indivíduos que compartilham uma herança social e cultural transmitida de geração em geração. *Etnia* faz referência aos aspectos culturais e comporta, também, um sentido político, de afirmação da diferença cultural, enquanto valorização humana. Pessoas que podem ser identificadas como pertencentes a grupos raciais distintos podem ser agrupadas num mesmo grupo étnico e vice-versa. Para além das características físicas, há um resgate do pertencimento ancestral, de um passado comum, conforme descrito a seguir:

> Um grupo possuidor de algum grau de coerência e solidariedade, composto por pessoas conscientes, ao menos em forma latente, de terem origens e interesses comuns. Um grupo étnico não é mero agrupamento de pessoas ou um setor da população, mas uma agregação consciente de pessoas unidas ou proximamente relacionadas por experiências compartilhadas. (Cashmore; Banton, 2000, p. 196)

Do exposto, há que se inferir que os conceitos *raça* e *etnia* não são sinônimos. Antes, são complementares, por isso, nas diversas produções, é comum encontrarmos a associação *raça/etnia*. Entendemos que *raça* continua atual e que os elementos culturais específicos da população não branca e, particularmente, aqueles referentes a homens negros e mulheres negras abarcados pelo termo *etnia* podem ser alvo de discriminação, principalmente quando estão associados à *raça*. Em outros termos, se utilizarmos, como exemplo, o culto aos orixás, raça e etnia podem se apresentar como elementos antagônicos ou indissociáveis, a partir de onde estejam localizados. Uma pessoa cuja cor da pele remete ao branco, que é iniciada no Candomblé, será discriminada, se assumir publicamente suas concepções religiosas. O elemento discriminatório, neste caso, é cultural, refere-se à etnia. Certamente, se isso ocorre com uma pessoa negra, que cultua os orixás, o nível de violência é muito maior. O racismo cuidou de disseminar inclusive entre a população negra concepções negativas acerca das manifestações religiosas de matriz africana, o que faz com que uma parcela significativa desse grupo rechace tais religiões, mas, ainda assim, sem qualquer conhecimento das religiões de matriz africana uma pessoa negra pode ser alvo de preconceitos e discriminações.

Consideramos importante, também, nomear a brancura, categoria socialmente construída. Cashmore e Banton (2000) destacam que o termo começou a ser utilizado na segunda metade do século XVII e significava superioridade e privilégio, em contrapartida aos não brancos, considerados "os outros". Na atualidade, a brancura confere vantagens e prestígios, reatualizando o racismo nas relações sociais.

Schucman (2014), a partir da Psicologia, desenvolve pesquisas acerca da branquitude e "quem são os sujeitos que ocupam lugares sociais e subjetivos da branquitude é o nó conceitual, que está no bojo dos estudos contemporâneos sobre identidade racial branca". (p. 84) A autora também assevera que ser branco configura-se, sobretudo, por posições e lugares sociais que os sujeitos ocupam e está ligado, no caso da experiência brasileira, à aparência, ao status e ao fenótipo.

Até aqui não há nada de novo, à medida que características comuns são vivenciadas de lugares distintos, por brancos e negros. O que nos interessa, sobremaneira, no estudo de Schucman (2014), é a escassez do debate no processo de formação de psicólogos brasileiros, com a reprodução do conhecimento acerca do "desenvolvimento do psiquismo humano igual entre os diferentes grupos racializados" (p. 85) e prossegue, afirmando que, do mesmo modo que as categorias de classe e gênero, "a categoria raça é um dos fatores que constitui, diferencia, hierarquiza e localiza os sujeitos em nossa sociedade". (p. 85) "A categoria raça produz subjetividade e desigualdades entre brancos e não brancos" (p. 86), e entre os resultados da pesquisa, a autora destaca aqueles relativos aos padrões de beleza e branquitude, e as falas dos sujeitos entrevistados revelam que a "superioridade estética é sim um dos traços da branquitude em nosso país" (p. 90) e se desenvolvem em relação a todos os outros, não brancos. Ao final da análise, Schucman pondera que "os sujeitos brancos em nossa sociedade passam por um processo psicossocial resultante das mediações, que experienciam durante a vida de identificação com os significados compartilhados em nossa cultura sobre a supremacia racial branca". (p. 92)

Iraci e Sovik (2004) vão além e referem que a branquitude e seu sistema de privilégios não se restringe à cor da pele, mas funciona como uma espécie de passaporte, que possibilita o acesso, o que se pode perceber entre as pessoas cuja herança genética é atribuída à população negra, mas que, ao exibir fenótipos próximos aos brancos, como por exemplo, traços mais "finos", pode ser tratada como branca.

Entre esses autores, há um ponto de convergência, à medida que todos trazem a questão da branquitude para o âmbito das construções sócio-históricas, desnaturalizando o lugar do privilégio, no interior de uma sociedade patriarcal, machista e racista. Os privilégios materiais e simbólicos da branquitude se expressam nas relações cotidianas e investigar de que modo esses se reproduzem na vida das crianças e adolescentes no contexto do acolhimento institucional é imprescindível para que possamos fomentar novas possibilidades de sociabilidade. A pesquisa que desenvolvemos revela o quanto esse padrão permanece enraizado na descrição, classificação e maior ou menor proteção de crianças e adolescentes, a partir do componente étnico-racial. Para um problema tão complexo, as estratégias de enfrentamento precisam ser ampliadas e diversificadas, pois o Saica é considerado por nós como um espaço onde a diversidade humana está em constante interação, no âmbito da intimidade e onde as diferenças e os privilégios, segundo raça/cor, são potencializados. "É preciso que a branquitude, como lugar de normatividade e poder, se transforme em identidades étnico-raciais brancas onde o racismo não seja o pilar de sustentação". (Schucman, 2014, p. 92)

Se os conceitos são construções históricas e carregam em si as marcas das sociedades que os criaram e alimentaram, no que se refere às relações raciais, essa premissa não é diferente. A análise das principais bibliografias[9] sobre as relações raciais no Brasil revela uma diversidade de conceitos, que ora reforçam o posicionamento político na direção do combate ao racismo, do preconceito e da discriminação étnico-racial, ora podem fortalecer o discurso dominante na perspectiva da manutenção do *status quo*.

O racismo é um fenômeno universal, uma posição defendida, por vezes, com base em argumentos e teses que se pretendem científicas. Trata-se de uma ideologia, que afirma a superioridade de um grupo racial sobre o outro, considerado inferior. Ainda que no âmbito individual uma pessoa do grupo dito inferior consiga superar o grupo dito superior, isso não altera a concepção coletiva da hierarquização das raças e da "inferioridade" coletiva.

---

9. Para que o leitor possa aprofundar o estudo sobre as relações raciais, sugerimos consultar as principais obras comentadas e organizadas por Cuti e Fernandes no livro: *Consciência Negra do Brasil: os principais livros*. Belo Horizonte: Mazza Edições, 2002.

Os estudos genéticos comprovaram que não existem raças puras, que indivíduos pertencentes a grupos diversos, com características físicas distintas, podem ser biologicamente muito próximos. O conhecimento científico, após essa descoberta, nos coloca desafios ainda maiores no campo sociológico. Se nossa constituição genética pode ser tão próxima, ao mesmo tempo que nossa aparência física pode ser tão distante, como explicar a reprodução "viral" do racismo ao longo da história?

Raça é, portanto, um conceito elástico, que se modifica conforme as demandas históricas e pode ser utilizado, igualmente, tanto por defensores da ideologia racial quanto por seus adversários. Essa elasticidade, não raramente, traz como resultado a indiferença quanto a um problema social tão complexo. (Santos, 1984) Há uma frustração e uma reprodução do fatalismo quando o assunto se relaciona às desigualdades de acesso aos bens e riquezas socialmente produzidos, a partir do pertencimento étnico-racial no Brasil.

1.4 As conexões fundamentais entre classe social, raça/etnia e a questão de gênero: algumas particularidades da realidade brasileira

Na perspectiva de análise proposta por Marx, o homem é entendido com um ser social que, por meio do trabalho, atividade vital, transforma a natureza para satisfazer necessidades humanas, ao mesmo tempo em que é transformado por ela e se desvelam novas necessidades. Quanto maior a interação entre os grupos humanos e desses com a natureza, maiores são as possibilidades de humanização das relações sociais.

O trabalho é, antes de tudo, um processo entre o homem e a natureza, processo este em que o homem, por sua própria ação, medeia, regula e controla seu metabolismo com a natureza. Ele se confronta com a matéria natural como com uma potência natural [*Naturmacht*]. A fim de se apropriar da matéria natural de uma forma útil para sua própria vida, ele põe em movimento as forças naturais pertencentes a sua corporeidade: seus braços e pernas, cabeça e mãos. Agindo sobre a natureza externa e modificando-a por meio desse movimento, ele modifica, ao mesmo tempo, sua própria natureza. Ele desenvolve as potências que nela jazem latentes e submete o jogo de suas forças a seu próprio domínio. (Marx, 2013, p. 188)

O desenvolvimento do capitalismo industrial, com seus antagonismos de classe, a apropriação privada dos meios de produção e a expropriação da mais-valia do trabalhador assalariado acirram as desigualdades sociais, fundadas na relação entre capital e trabalho. E em nome da acumulação capitalista, conviveram, no mesmo tempo histórico, sociedades cujas particularidades refletiam a desigualdade entre os povos, segundo o lugar de nascimento e os interesses dos colonizadores. No contexto da Revolução Francesa, o acesso da população negra, enquanto parte da humanidade, aos direitos naturais é relativizado à medida que a manutenção do regime de escravidão era essencial para a ampliação das garras do capital a partir da exploração nas diversas colônias espalhadas pelo continente americano[10]. Muito embora os ideais tenham se deslocado rapidamente para o lugar de valores burgueses, mediados pela propriedade privada, e a classe trabalhadora, desde a origem, esteja exposta às mais diversas formas de exploração, isso não apaga o fato de que a escravidão tenha sido encarada durante todo o período de vigência como um dado ineliminável para a satisfação das necessidades do projeto dominante.

No caso específico da sociedade brasileira, o processo de abolição da escravatura, o deslocamento do centro da economia da sociedade

---

10. A Declaração dos Direitos do Homem e do Cidadão proclamada em 1789 representava o manifesto revolucionário da nova França, suprimindo o Antigo Regime, e constituía-se em um instrumento contra o sistema de privilégios da nobreza e do clero. Apesar dos avanços conquistados, aspectos importantes na luta por igualdade permanecem fora desse documento, como o sufrágio universal, a igualdade entre homens e mulheres, o colonialismo e a escravidão, cujos contornos já eram dramáticos naquela época. (Trindade, 2002)

rural e agrária para a sociedade urbana e industrial, no início do século passado, acirra a desigualdade entre as classes sociais e mantêm a maioria da população negra em situação de miserabilidade. Há uma profunda divisão no interior da classe, que vive do seu trabalho assalariado desde então. A manutenção da desigualdade étnico-racial concorre para que amplos segmentos da classe trabalhadora permaneçam desprotegidos, sem condições de trabalho e moradia dignas, acessem de maneira precária as políticas sociais e permaneçam restritos em atividades pouco valorizadas na divisão social e técnica do trabalho ou, então, excluídos, de modo permanente, de funções que garantam o valor mínimo para a sobrevivência em condições adequadas.

> O nexo interno entre o tormento da fome que atinge as camadas operárias mais laboriosas e o consumo perdulário, grosseiro ou refinado, dos ricos, baseado na acumulação capitalista, só se desvela com o conhecimento das leis econômicas. O mesmo não ocorre com as condições habitacionais. Qualquer observador imparcial pode perceber que, quanto mais massiva a concentração dos meios de produção, tanto maior é a consequente aglomeração de trabalhadores no mesmo espaço; que, portanto, quanto mais rápida a acumulação capitalista, tanto mais miseráveis são para os trabalhadores as condições habitacionais. (Marx, 2013, p. 479)

Pode-se inferir que a desigualdade nas relações de trabalho é estrutural e atinge a classe trabalhadora de maneira global, com a particularidade de que, em relação a uma parcela significativa da população negra, há, além da desqualificação, uma intensa *subproletarização*. Esta é definida por Antunes (1995) como as atividades de trabalho desenvolvidas de maneiras precárias, informais, temporárias e parciais.

> Evidencia-se, portanto, que ao mesmo tempo em que se visualiza uma tendência para a *qualificação* do trabalho, desenvolve-se também *intensamente* um nítido processo de *desqualificação* dos trabalhadores, que acaba configurando um processo contraditório que *super qualifica* em vários ramos produtivos e *desqualifica* em outros. (Antunes, 1995, p. 54, grifos do autor)

O tratamento autoritário e racista com que o Estado brasileiro trata as questões relativas à população negra na contemporaneidade está atrelado ao projeto societário em curso e guarda profunda relação com o lugar da "inferioridade" a que a população negra vem sendo submetida desde o período colonial. A organização das relações de trabalho a partir do poder da branquitude reserva às(aos) negras(os) funções consideradas mais "simples" por acreditarem que existe uma incompatibilidade entre "ser negro" e ter capacidade de exercer atividades que demandam certo grau de desenvolvimento intelectual, reproduzindo a lógica da separação entre trabalho manual e trabalho intelectual.

Sob tais bases, o trabalho manual se acopla à "incapacidade" da população negra. E, no interior da classe trabalhadora, há níveis diferentes de exploração da mão de obra, segundo o pertencimento étnico-racial, ou seja, quanto mais escura a cor da pele mais as ofertas de trabalho são precarizadas e desprotegidas, cujas remunerações não permitem, sequer, a manutenção dos mínimos sociais. As funções mais precarizadas, que se assemelham àquelas desenvolvidas durante o período de escravidão, são "naturalmente" reservadas para esse grupo, uma vez que permanece a reprodução da "inferioridade" étnico-racial da população negra.

Davis (2016), no livro *Mulheres, raça e classe*, aborda a questão das diversas opressões que estruturam a sociedade capitalista, em especial nos Estados Unidos da América, e suas análises contribuem com os debates ao redor do mundo, sobre as faces excludentes do capitalismo, inclusive, em relação ao modo pelo qual o racismo se sobrepõe à solidariedade de classe entre as(os) trabalhadoras(es) e, em essencial, entre as mulheres de diversas origens. As estratificações no interior da classe trabalhadora estão marcadas pelo racismo, com rebatimento, inclusive, entre homens e mulheres de origem branca.

> A definição tautológica de pessoas negras como serviçais é, de fato, um dos artifícios essenciais da ideologia racista. Com frequência, racismo e sexismo convergem — e a condição das mulheres brancas trabalhadoras

não raro é associada à situação opressiva das mulheres de minorias étnicas. Por isso, os salários pagos às trabalhadoras domésticas brancas sempre foram fixados pelo critério racista usado para calcular a remuneração das serviçais negras. (Davis, 2016, p. 102)

A utilização de critérios raciais para se determinar as faixas salariais irrisórias nas funções mais precarizadas, entretanto, não concorre para o reconhecimento de que a exploração de classe é beneficiária do racismo, que a conforma. No cenário norte-americano, as denúncias de opressões e violações cometidas contra a população negra tiveram como intuito conclamar as mulheres brancas a lutar pela libertação do povo negro, o que não logrou êxito na Convenção da Associação pela Igualdade de Direitos, realizada em 1869, demonstrando o quanto o racismo se sobrepõe à luta por direitos universais, independentemente de raça/etnia, sexo ou nacionalidade:

> Quando as mulheres, por serem mulheres, forem arrastadas para fora de casa e enforcadas nos postes de iluminação; quando suas crianças forem arrancadas de seus braços e seu crânio for estraçalhado na calçada; quando elas forem alvo de insultos e atrocidades o tempo todo; quando correrem o risco de ter o teto sobre sua cabeça incendiado; quando suas filhas e filhos não puderem frequentar a escola; então elas terão [a mesma] urgência em poder votar.[11] Por mais ríspido e polêmico que fosse tal raciocínio, havia nele uma lucidez inequívoca. As imagens vívidas dessas palavras mostravam que as ex-escravas e ex-escravos sofriam uma opressão que diferia, em essência, e em brutalidade, dos constrangimentos impostos às mulheres brancas de classe média. (Davis, 2016, p. 90)

A luta do movimento sufragista feminino norte-americano estava ancorada, primeiro, no recorte de classe, embora as mulheres brancas,

---

11. Discurso de Frederick Douglas às irmãs brancas ao final da Convenção pelo endosso à 15ª emenda, que proibia a privação do direito ao voto com base em raça, cor ou condição prévia de servidão, mas mantinha a proibição do voto feminino.

RACISMO NA INFÂNCIA

da classe trabalhadora, tivessem chamado a atenção das líderes sufragistas, inicialmente, devido aos "seus esforços de organização e sua militância. Mas, como se viu depois, as próprias trabalhadoras não abraçaram a causa do sufrágio feminino com entusiasmo". (p. 146) Em segundo lugar, no recorte racial, pois a liberação do voto para os homens negros — uma medida defendida por aqueles que lutavam contra as leis segregacionistas, os linchamentos de homens negros, o encarceramento em massa e a provisão de necessidades básicas negadas há séculos à população negra — era duramente criticada por elas. Os homens brancos eram detentores de privilégios, desejados pelas mulheres brancas. Estas, por sua vez, devido ao racismo que lhes outorgava vários privilégios em relação às mulheres e homens negros, continuavam a defender a desigualdade entre as raças. "Mulher" era o critério, mas nem toda mulher parecia estar qualificada. "As mulheres negras, claro, eram praticamente invisíveis no interior da longa campanha pelo sufrágio feminino." (Davis, 2016, p. 146)

Retomando as particularidades da realidade brasileira, outra característica da intrínseca relação entre raça e classe tem assento na divisão social do trabalho entre homens e mulheres negras, das camadas mais empobrecidas da classe trabalhadora. Nas áreas urbanas, com frequência, a eles estão reservadas as atividades que demandam força bruta, como o trabalho na área da construção civil — ajudante/servente de pedreiro, pedreiro — funções desprotegidas e com salários ainda menores quando o trabalhador mora no local da obra, na carga e descarga de mercadorias nas zonas portuárias, na manutenção predial, entre outras. Em relação às mulheres negras, estas são "naturalmente" hábeis para o trabalho doméstico na área da limpeza, para cuidar das crianças, lavar e passar roupas, cozinhar, entre outras atividades "desqualificadas".

Nas exposições acerca das características das famílias, cujas crianças e adolescentes estão nos Saicas pesquisados e os dados oficiais sobre os motivos do acolhimento institucional, identifica-se um ponto de convergência essencial: seus integrantes estão inseridos no mundo do trabalho de maneira precarizada há várias gerações e, ao se alterar o modo de produção, a inserção da população negra no mercado de trabalho livre, excepcionalmente, será em atividades com direitos protegidos, portanto esta tem menores condições de prover as demandas de suas crianças e adolescentes. Além disso, a naturalização dos papéis sociais conforme o gênero faz recair sobre a mulher ônus maiores, quando o assunto é suprir sozinha as exigências do grupo familiar. E sobre a mulher negra, o estigma de ser inferior do ponto de vista do gênero e da raça/etnia.

> A presença feminina no mundo do trabalho nos permite acrescentar que, se a consciência de classe é uma articulação complexa, comportando identidades e heterogeneidades, entre *singularidades* que vivem uma situação particular no processo produtivo e na vida social, na esfera da *materialidade* e da *subjetividade*, tanto a contradição entre o *indivíduo* e sua *classe*, quanto aquela que advém da relação entre *classe* e *gênero*, tornaram-se ainda mais agudas na era contemporânea. A *classe-que-vive-do-trabalho* é tanto masculina quanto feminina. É, portanto, também por isso, mais diversa, heterogênea e complexificada. Desse modo, uma crítica do capital, enquanto relação social, deve necessariamente apreender a dimensão de exploração presente nas relações capital/trabalho e aquelas opressivas presentes na relação homem/mulher, de modo que a luta pela constituição do *gênero-para-si-mesmo* possibilite também a emancipação do gênero mulher. (Antunes, 1995, p. 46, grifos do autor)

Para as finalidades da pesquisa, optou-se por destacar o trabalho doméstico, em que as situações de desproteção são historicamente determinadas e absorvem, majoritariamente, a força de trabalho das mulheres negras, contratadas, via de regra, sem qualquer proteção social. Nos momentos em que mulheres e homens negros perdem a capacidade produtiva, seja por situações de adoecimento, seja pelo envelhecimento, podem pleitear o Benefício de Prestação Continuada (BPC), benefício previsto na Lei Orgânica da Assistência Social (LOAS), concedido às pessoas que possuem deficiência que impactam na sua funcionalidade ou àquelas que atingem os 65 anos de idade. No contato direto com essas mulheres, por exemplo, são recorrentes

RACISMO NA INFÂNCIA

falas tais como: "adoeci porque não podia faltar ao serviço para ir ao médico"; "era empregada diarista, se não trabalhasse não ganhava"; "ganhava pouco, precisava escolher entre colocar comida na mesa ao final do dia de trabalho ou ver meus filhos com fome para contribuir com a Previdência Social". Tais falas revelam o quanto as mulheres, provedoras do grupo familiar, são carta fora do baralho quando o assunto é proteção no âmbito da Previdência Social, mesmo com a previsão legal[12] de registro em carteira da(do) trabalhadora(or) quando caracterizado vínculo empregatício.

Outro dado que aproxima homens negros e mulheres negras no interior da classe trabalhadora é o desenvolvimento de atividades desde a mais tenra idade, quer no trabalho urbano quer no rural, uma persistência danosa do trabalho infantil, que impede a escolarização na idade adequada ou mantém altas as taxas de analfabetismo no país. Por ora, é preciso ressaltar que esse processo de desproteção social é decorrente de um projeto societário que determina o lugar hierárquico na divisão social e técnica do trabalho, segundo a condição de gênero, de raça/etnia e de orientação sexual. Em relação ao trabalho doméstico, não é por acaso que ele seja desenvolvido majoritariamente por mulheres negras, pois exige baixa escolaridade, pouca qualificação técnica e alta capacidade de resistência, quer do ponto de vista da força física, quer da condição de subalternidade, em um cenário de "afetividade" entre patrões e empregadas. Em vez do direito garantido, o que se oferece é o lugar de quase pertencer à

---

12. Em 2013, foi promulgada a Emenda Constitucional n. 72, alterando o artigo 7º da Constituição Federal de 1988, que amplia para as(os) empregadas(os) domésticas(os) alguns dos direitos constantes, tais como garantia de salário-mínimo, proteção salarial, duração do trabalho normal não superior a 8 horas diárias e 44 semanais, hora extra de 50%, proibição da discriminação salarial por motivo de sexo, idade, cor ou estado civil. E para garantir a aplicabilidade dessa emenda em 2014, foi aprovada a Lei n. 12.964 que pune o(a) patrão(patroa) que não assinar a carteira de trabalho da(o) profissional com multa e obrigatoriedade de o(a) empregador(a) efetuar o registro em carteira de trabalho em até 48 horas. (Pinto, 2012) Vale destacar que *assinar a carteira de trabalho da(o) empregada(o) doméstica(o) torna-se uma ação obrigatória somente em 1972, ou seja, 84 anos após a assinatura da Lei Áurea.* Isso expressa o quanto o país mantém a tradição escravocrata viva e vigorosa.

família e esse "quase", por diversas vezes, faz com que essas percam os seus filhos, dada a impossibilidade de protegê-los.

Ao longo do século XX, os estudos contemporâneos sobre a família brasileira, via de regra, apresentam como determinantes para as intensas transformações no modo de ser dessa instituição a luta pela emancipação feminina, o direito ao acesso ao mercado de trabalho protegido, o direito das mulheres ao próprio corpo e a dissociação entre vivência da sexualidade e concepção humana, entre outras conquistas possibilitadas pelas condições postas por aquele momento histórico. O problema a ser equacionado é que tais análises acerca dos arranjos familiares partem de uma base conservadora e de uma perspectiva eurocêntrica de família.

Em se tratando de famílias negras, é imperioso aprofundar os conhecimentos acerca da compreensão de homem e de mundo dos povos africanos, da intrínseca relação entre seres humanos e a natureza, dos papéis sociais atribuídos a cada integrante do grupo e de como o modo de ser dos povos africanos foi incorporado e adaptado pelas famílias negras na diáspora. Quando se analisa os papéis sociais no interior das famílias há sempre um destaque para os lugares assumidos pelos genitores e uma centralidade do cuidado, como prática genuinamente feminina. Cuidar do grupo familiar, via de regra, é uma tarefa que sobrecarrega as mulheres, e quando, além do cuidado, essas mulheres também têm como obrigação o sustento da prole há outros desdobramentos que precisam ser desvelados pelos profissionais que lidam cotidianamente com as diversas expressões da questão social. Daí a importância de apreender as particularidades das lutas das mulheres negras e dos movimentos sociais, enquanto espaços de resistência contra o Estado racista e de denúncia das múltiplas violências por ele reproduzidas.

O *modus operandi* é diverso, mas a base é a mesma, ou seja, o racismo se mantém como uma das mais eficazes armas de controle dos corpos, sob o domínio do capital, e se mantém dada sua funcionalidade na produção e reprodução da vida social, notadamente um modo de produção que retroalimenta a exploração, dominação e opressão sobre a classe trabalhadora.

Há, portanto, uma lacuna na maioria das análises sobre as diferenças entre nascer mulher e ser branca ou negra no Brasil. A mudança de paradigma que se tem processado, de maneira radical, é fruto das contínuas ações da militância negra, protagonizada pelas mulheres negras, em sua constituição diversa, a exemplo da Marcha das Mulheres Negras realizada em 2015, em Brasília, com a presença de cerca de 50 mil mulheres de todos os cantos do país.

Dada a complexidade do tema por nós pesquisado, urge a necessidade de problematizar, brevemente, o lugar da mulher negra na sociedade brasileira e os estereótipos presentes na trama das relações sociais. Há que se considerar que a discriminação étnico-racial atinge, com mais violência, as mulheres negras, em uma perversa aliança entre machismo, que tenta perpetuar o estereótipo de fragilidade, submissão e inferioridade da mulher em relação ao homem, e racismo, que agrega a esses estereótipos outros ainda mais cruéis, tais como: a "sensualidade/sexualidade" exacerbada, a ausência de beleza ou de atributos femininos positivos e a violência racial cotidiana.

O modelo de família nuclear, que se estrutura no Brasil, no período da escravidão, obviamente não se configura como realidade para a população negra escravizada, pois o controle sobre os corpos negros escravizados também autoriza ações que dificultam a manutenção de núcleos familiares e de fortalecimento de vínculos de convivência que foram experimentados, por exemplo, nos diversos quilombos Brasil afora. As crianças paridas pelas mulheres negras escravizadas recebiam apenas o nome da mãe no registro de batismo, para não haver dúvida quanto à propriedade do senhor. (Freyre, 1933)

Se, ao longo dos séculos, os estereótipos construídos pela classe dominante sobre a mulher negra e presentes na história oficial, nas obras literárias e no imaginário popular, imprimem uma visão inferiorizada, passiva e, muitas vezes, promíscua, em decorrência da exacerbação de sua sexualidade, o que a trajetória das mulheres negras revela durante todo esse período porta nuances completamente diferentes. A proteção masculina, considerada importante em uma sociedade patriarcal e hierarquizada, em geral, não é oferecida às mulheres negras, que precisam aprender logo cedo a se defender sozinhas de todas as mazelas que a escravidão lhes imputava. O trabalho, atividade inadequada para mulheres brancas e livres, era executado pelas negras escravizadas: "a mulher negra está presente em praticamente todos os tipos de trabalho descritos pelos viajantes: na mineração, na agricultura, no trabalho doméstico, na manufatura e no comércio". (Leite *apud* Carneiro, 2006, p. 47)

A ocupação do espaço público pela mulher negra ocorre em condições totalmente adversas, nos mais variados momentos da história do Brasil. A luta pela sobrevivência e a necessidade de gerar lucros expõem essa mulher às mais diversas formas de violência. No espaço doméstico, a mulher negra aparece como figura central na constituição das famílias negras, durante o período colonial e pós--abolição, em núcleos geralmente formados pela mãe e seus filhos ou pela avó e netos.

A manutenção da população negra nos lugares mais empobrecidos se contrapõe à reprodução de patamares altíssimos de riqueza para a classe dominante, com acesso às novas e diversificadas tecnologias, bem como aos bens e serviços de qualidade, como um dado ineliminável da vida social. Espaço contraditório em que a mudança de cenário só pode ocorrer pela "capacidade individual" de romper com "notoriedade" e "competência" as barreiras sociais.

Tal proposição desvela, novamente, a falácia do discurso da democracia racial, pois as barreiras sociais são, antes de tudo, decorrentes da própria dinâmica da acumulação capitalista. Portanto, os interesses da classe dominante são distintos das necessidades da classe trabalhadora no âmbito mundial, com assimetrias ainda maiores na realidade da sociedade brasileira.

PARTE II

Quem diz que protege, não cuida: minúcias do racismo na infância

PARTE II

Quem diz
que protege, não
cuida; minúcias do
racismo na infância

Capítulo II

Desvelando o racismo institucional no acolhimento de crianças e adolescentes negras(os)

No complexo e contraditório processo de produção e reprodução das relações sociais na vida cotidiana, sob a égide do capitalismo, as assimetrias no acesso a bens e serviços e a padrões mínimos de existência ao redor do mundo é mediatizada pelo lugar que o grupo étnico-racial ocupa segundo a perspectiva eurocêntrica, que estabelece padrões com base nos valores enaltecidos pela branquitude. Os privilégios da branquitude e a herança colonial subjugam a capacidade de organização dos países periféricos e reatualizam as estruturas de poder dos países centrais. O racismo estrutural sedimenta as bases sobre as quais a desigualdade social é vivida, como consequência natural, a partir do lugar que os grupos ocupam na escala produzida pela branquitude (como sinônimo de poder e de dominação). Esse padrão de relações sociais no capitalismo contemporâneo admite a manutenção de níveis extremos de desigualdade social e a reprodução de práticas racistas, internalizadas e reproduzidas de maneira absolutamente violentas no âmbito das instituições públicas e privadas e nas relações interpessoais.

Vimos que a transição da escravidão para o capitalismo, no final do século XIX, define uma nova configuração jurídica para a população negra escravizada, que deixa de ser tratada como mercadoria, propriedade do senhor, e passa a ter, legalmente, o direito de "existir" e de vender sua força de trabalho no mercado. Entretanto, a oferta de mão de obra negra é considerada, em diversas regiões e funções, inadequada não só do ponto de vista econômico, mas, também, do ponto de vista do ideal de sociabilidade burguesa, que se desenha no início do século XX. A efetivação mais explícita do racismo estrutural/ institucional pós-escravidão é a libertação da população negra sem que políticas sociais protetivas fossem implantadas, por razões que também já foram explicitadas no Capítulo I.

As situações de pobreza, a inserção precária no mercado de trabalho, a alta concentração de população negra nas favelas, a baixa escolaridade, entre outros indicadores sociais identificados na atualidade, são decorrentes do racismo institucional, perpetuado pela classe dominante, nos diversos períodos de alternância no poder estatal.

No processo de organização da fase preparatória para a III Conferência Mundial contra o Racismo, a Discriminação Racial, a Xenofobia e todas as Formas Correlatas de Intolerâncias, realizada em 2001, na cidade de Durban, África do Sul, reforça-se a importância do respeito aos direitos humanos e às liberdades fundamentais para todos, sem qualquer tipo de distinção. O documento final apresenta, desde os preâmbulos, a reafirmação dos princípios de igualdade e não discriminação, reconhecidos na Declaração Universal de Direitos Humanos. (Lopes; Quintiliano, 2007) Nele, o racismo que incide sobre a população negra é denunciado e os movimentos sociais, envolvidos na luta por igualdade racial, tensionam o setor público acerca da urgência da aplicação de medidas para um problema de proporções gigantescas. A questão étnico-racial amplia sua importância na cena política e passa a ser tratada pelo Estado brasileiro como um problema nacional no momento em que se desenvolve o Programa de Combate ao Racismo Institucional no país, com a finalidade de contribuir com o estabelecimento de políticas de desenvolvimento e redução da pobreza, que possam combater as desigualdades decorrentes da origem étnico-racial dos brasileiros.

> A Convenção Internacional para a Eliminação de todas as Formas de Discriminação Racial da ONU, em seu artigo primeiro diz que a discriminação racial "significa qualquer distinção, exclusão, restrição ou preferência baseada na raça, cor, ascendência, origem étnica ou nacional com a finalidade ou o efeito de impedir ou dificultar o reconhecimento e/ou exercício, em bases de igualdade, aos direitos humanos e liberdades fundamentais nos campos político, econômico, social, cultural ou qualquer outra área da vida pública". (Iraci; Sovik, 2004, p. 20)

A participação ativa de diversos segmentos do movimento negro e de agentes públicos, com experiência em relação ao tema, foi crucial no processo de denúncia das situações de racismo, preconceito e discriminação étnico-racial vivenciadas pela população negra no âmbito da vida pública/privada. Para além dessas situações, os diversos sujeitos coletivos denunciaram o tratamento discriminatório no acesso aos bens e serviços e às diversas políticas públicas promovidas pelas próprias instituições e que reproduzem a pobreza geracional, a permanência da população negra nas áreas de maior vulnerabilidade econômica, política, social, bem como a desqualificação de suas culturas e práticas religiosas.

Contudo, a crítica às práticas institucionais racistas se configura como um avanço neste contexto por ampliar o debate sobre o racismo institucional, que é perverso e de longa duração na trajetória de vida de negras e negros. A intrínseca relação entre racismo estrutural e os pilares que estruturam a sociabilidade burguesa precisa ser problematizada no cotidiano das instituições. Portanto, o racismo, nessa dupla face, estrutural e institucional, tem igual importância na análise, uma vez que quem ocupa e se beneficia dessa estrutura de poder racista detém, também, o controle ideológico pela definição dos currículos escolares eurocentrados, das práticas religiosas consideradas abençoadas em comparação àquelas tidas como satânicas/ demoníacas, pela primazia da arte e da cultura a partir dos estratos burgueses e determina como os não brancos serão atendidos, quais ações estão autorizadas e como a hierarquia entre os grupos deve ser garantida.

> O emprego do conceito de discriminação indireta ou racismo institucional para a promoção de políticas de equidade racial já é utilizado desde o final dos anos 1960 em diversos países. Nos Estados Unidos, por exemplo, o conceito surge no contexto da luta pelos direitos civis e com a implementação de políticas de ações afirmativas. Na Inglaterra, o conceito passa a ser incluído como instrumento para a proposição de políticas públicas na década de 1980, como resultado do crescimento da população não branca e das dificuldades observadas pelo poder judiciário em responder às demandas daquela população. No Brasil, a partir de meados dos anos 1990, esse conceito começa a ser apropriado para a formulação de programas e políticas de promoção da equidade racial. (Jaccoud, 2008, p. 141)

O que há de inovador neste debate é que, diferentemente das ações individuais do âmbito da vida privada dos sujeitos, no caso do racismo institucional, o que se verifica são práticas reificadas de racismo, preconceito e discriminação étnico-racial mais complexas e de difícil apuração de responsabilidades. Consequentemente, mais difíceis de se aplicar punições adequadas aos indivíduos que operam tais políticas e reproduzem essas condutas, porque atuam como agentes coletivos.

Nas últimas três décadas, as discussões sobre como o setor público poderia se comprometer mais efetiva e continuadamente com a prevenção e o combate ao racismo institucional, no âmbito público e privado, desencadearam uma série de ações, com destaque para a proposta de trabalho coordenada pelo Instituto Amma Psique e

Negritude, publicada em 2008, com o título "Identificação e Abordagem do Racismo Institucional", cuja análise aponta duas dimensões interdependentes e correlacionadas:

a) a dimensão político-programática, que compreende as ações que impedem a formulação, implantação e avaliação de políticas públicas eficientes, eficazes e efetivas no combate ao racismo, bem como a identificação do racismo nas práticas cotidianas e nas rotinas administrativas; e

b) a dimensão das relações interpessoais, que abrange as relações estabelecidas entre gestores e trabalhadores, entre trabalhadores e trabalhadores, entre trabalhador e usuário, e entre usuário e trabalhador, sempre pautadas em atitudes discriminatórias.

O racismo institucional se refere às operações anônimas de discriminação racial em instituições, profissões ou mesmo em sociedades inteiras, conforme descrito por Cashmore *et al.* (2000). O anonimato existe na medida em que o racismo é institucionalizado, perpassa as diversas relações sociais, mas não pode ser atribuído ao indivíduo isoladamente. Ele se expressa no acesso à escola, no mercado de trabalho, na criação e implantação de políticas públicas que desconsideram as especificidades raciais e na reprodução de práticas discriminatórias arraigadas nas instituições, conforme descrito por Eurico (2011).

Em Lopes e Quintiliano (2007) vemos que no âmbito institucional — onde se desenvolvem as políticas públicas, os programas e as relações interpessoais —, toda vez que a instituição não oferece acesso qualificado às pessoas em virtude de sua origem étnico-racial, da cor da sua pele ou cultura, o trabalho fica comprometido, o que se configura como racismo institucional.

A compreensão dos efeitos do racismo institucional na vida das crianças e adolescentes institucionalizados exige que se identifiquem e analisem as duas dimensões do racismo institucional. A dimensão político-programática, que abrange as diretrizes gerais das instituições, as relações de poder, o modo como a instituição opera, as especificações e critérios de acesso e permanência, diretrizes que podem ser utilizadas na contemporaneidade, a partir de dados oficiais, devido às ações desenvolvidas por importantes instituições de pesquisas, como o Instituto Brasileiro de Geografia e Estatística (IBGE)[1] e o Instituto de Pesquisa Econômica Aplicada (Ipea)[2]. Esses dados confirmam o racismo, o preconceito e a discriminação étnico-racial enfrentados pela população negra na vida cotidiana (Eurico, 2017, p. 416) e são indicadores para que se possa interferir no modo como as políticas públicas são formuladas, implantadas e avaliadas, no que se refere às práticas cotidianas e às rotinas administrativas, as quais estão enraizadas e sofrem interferências do mito da democracia racial. A outra dimensão não pode ser relegada a um segundo plano, pois se as relações interpessoais sofrem as interferências da primeira dimensão, em várias situações identificadas nesta pesquisa, a atitude individual extrapola os limites institucionais de qualquer conduta baseada na ética e no respeito ao outro. Entretanto, essa dimensão carece de pesquisas abrangentes que esmiúcem as particularidades de tais ações.

Entendemos que no cotidiano das instituições, onde o racismo se revela de maneira constante e sem tréguas, os seus representantes, além da responsabilidade de desvelar o racismo na dimensão organizacional, têm papel relevante também no trabalho com a equipe para coibir ações individuais, na dimensão das relações interpessoais, que incidem, de maneira imediata, na vida de crianças e adolescentes negras(os).

Além disso, foi possível identificar que, em relação ao modo como o racismo opera no espaço do Saica, a dimensão das relações interpessoais é impulsionada pela forma como a instituição reproduz

---

1. Como uma das referências, utilizamos os Indicadores Sociais Mínimos (ISM) que contêm informações atualizadas sobre aspectos demográficos, anticoncepção, sobre distribuição da população por cor ou raça, sobre trabalho e rendimento, educação e condições de vida, produzidos pelo IBGE (2017), e que permitem traçar um panorama das assimetrias de raça/cor no país. Na elaboração do sistema, foram consideradas as peculiaridades nacionais e a disponibilidade de dados.

2. Análise a partir do artigo produzido por JACCOUD, L. (*apud* Theodoro, 2008).

as práticas arraigadas de controle da população negra e pobre. E, no que se refere aos vínculos e cuidados estabelecidos entre trabalhadores e crianças/adolescentes, a questão é ainda mais complexa, pois as mediações das demandas dos sujeitos acolhidos são realizadas pelos profissionais a partir de uma dada compreensão de que racismo não existe ou, no limite, se ele existe, está fora do espaço de acolhimento institucional.

2.1 A discriminação étnico-racial: a realidade nos dados estatísticos

Diversos estudos, seguindo a metodologia do próprio IBGE, apresentam os dados referentes ao quesito cor/raça, agregando pretos e pardos em um mesmo indicador, já que esses compõem a população negra. Nossa análise partilha dessa interpretação, pois ainda que muitas pessoas não se reconheçam como pretas e se autodeclarem pardas, elas serão alvo do acesso precário às políticas públicas, tanto quanto as primeiras.

Outro aspecto que precisa ser problematizado é o fato de diversos instrumentais de coleta de dados, pesquisas acadêmicas e produções teóricas reproduzirem, reiteradamente, classificações diferentes das adotadas pelo IBGE, o que dificulta a análise comparativa, ora classificando a população negra como negra e parda, ora como negra e "mulata", ora como negra e preta, ora como preta e mestiça, entre outras variações presentes no imaginário social brasileiro. Mesmo quando se trata de trabalhos com reconhecida qualidade teórica, a confusão em relação aos termos e a falta de uniformidade no uso das classificações adotadas pelo IBGE, e que são utilizadas por vários institutos de pesquisa, trazem prejuízos ao debate, reforçando aquilo que sistematicamente tenta se combater, o racismo institucional.

Em última análise, o uso de terminologias diversas, conflitantes entre si, podem reforçar o mito da democracia racial, sob uma pretensa pluralidade de identidade étnico-racial e dificultam a compreensão de quem é negro ou branco no Brasil. A paleta imaginária de cores e de grupos étnico-raciais pode produzir análises equivocadas acerca da sociedade brasileira, em sua totalidade. Preta e parda, entendidas como cores, correspondem às construções sociais, assim como as outras categorias (branco, amarelo e indígena), e o IBGE as adota para classificar a população negra no Brasil. A padronização dos quesitos é relevante, pois permite que as desigualdades étnico-raciais possam ser comparadas em pesquisas de instituições diferentes. Nas últimas décadas, esta pauta tem sido ampliada com o avanço do debate étnico-racial, como resultado da maior visibilidade política que a questão racial alcançou, problematizando aquelas formas de identificação que são pejorativas e ainda são reproduzidas.

Assim, a alta concentração da população na categoria parda, quando se analisa pretos e pardos, revela os percalços da autoclassificação diante de uma estrutura racista, que mede o valor das pessoas pelo grupo étnico-racial. A exemplo da Pesquisa Nacional por Amostra de Domicílios (PNAD) Contínua anual do IBGE[3], referente a 2019, que nos dados de cor/raça contabiliza 44% branca e 56% negra e dentro deste grupo 47% se autodeclararam pardas e 9% pretas. A hipótese é de que a alta concentração de população negra na categoria pardos atende a uma imperiosa necessidade de ser aceita pela branquitude, enquanto um lugar ilusório que permite se distanciar do preto e da negritude. Uma das justificativas é o fato de que, para a maioria das pessoas, preto permanece como uma categoria pejorativa, leia-se: — feia. Importante considerar que a atribuição de juízo de valores tem como referência a branquitude, que determina quem pode ser valorado positiva ou negativamente.

A partir dos dados referentes a raça/cor, que demonstram que a população negra é a maioria da sociedade brasileira, o racismo estrutural, como artimanha que mantém homens e mulheres negras

---

3. Disponível em: https://sidra.ibge.gov.br/tabela/6408#resultado. Acesso em: 30 jun. 2020.

em desvantagem no acesso a riqueza socialmente produzida, também faz com que haja uma alta concentração desse grupo étnico-racial quando se analisa as violações de direito no acesso às políticas públicas, a privação de liberdade feminina e masculina, o feminicídio e o homicídio, as violências relacionadas a identidade de gênero e orientação sexual (a exemplo da lesbofobia e da transfobia), o extermínio da juventude negra, a institucionalização de crianças/ adolescentes, as violências nos contextos de uso e abuso de drogas, entre outros. A desigualdade social no Brasil é decorrente do modo como a questão racial estrutura a sociedade. Desse fator decorre a necessidade de se apreender os meandros do racismo institucional. Por que apreender esta realidade que se desnuda cotidianamente ao nosso redor é tão difícil?

Combater o racismo estrutural/institucional, que determina, antes mesmo do nascimento, o lugar no interior da própria classe trabalhadora, segundo critérios de raça/cor, requer admitir que cada exclusão da população negra corresponde a inserção da população branca. Combater o racismo pressupõe atacar a coluna dorsal do capital, algo que não se restringe a uma questão moral. A narrativa abaixo é um exemplo disso: — "Eu escrevia peças e apresentava aos donos de circos. Eles respondiam-me: — É pena você ser preta". (Jesus, 2014, p. 64)

O acesso e a permanência da população negra à educação formal, desde os níveis mais elementares até o nível superior de qualidade, se coloca como um desafio, pois o que se verifica cotidianamente é o abandono dos bancos escolares, a exemplo do que acontece na faixa etária dos 15 aos 24 anos, devido à necessidade de exercer alguma função remunerada, para garantir a sobrevivência individual e colaborar com a manutenção do grupo familiar. Níveis de escolaridade abaixo do esperado impactam a vida da população negra, limitando ou impedindo a possibilidade de rompimento com a pobreza geracional, com o exercício de atividades laborais precarizadas e absolutamente desprotegidas, conforme demonstra o gráfico a seguir.

Gráfico 1 — Média de anos de estudos da população ocupada com 16 anos ou mais de idade, segundo sexo e cor/raça no Brasil, 1999 e 2009.

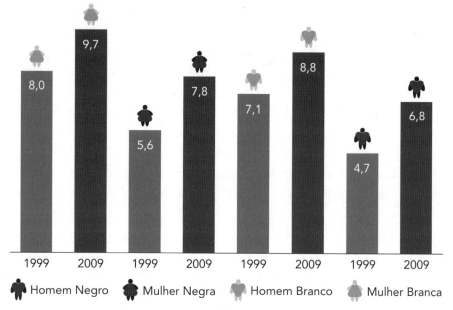

Fonte: Ipea et al. Retrato das desigualdades, 2011, p. 24.

Àquela parcela minoritária, que consegue coletivamente furar o bloqueio e acessar o ensino superior, outras barreiras se impõem, como o tempo reduzido de estudos, a difícil tarefa de conciliar atividades acadêmicas, como a participação em núcleos de pesquisa, inserção de projetos de iniciação científica, estágios/intercâmbios, acessos a outras fontes de conhecimento como arte, literatura, entre outros.

A desigualdade no acesso à riqueza socialmente produzida é gigantesca no âmbito da sociedade capitalista e as políticas sociais ofertadas de maneira focalizada e pontual têm como uma de suas consequências mais perversas a falta de condições básicas de sobrevivência, situação em que o Estado intervém com a inclusão destas famílias nos Programas de Transferência de Renda, desde que estejam dentro dos critérios de elegibilidade, conforme previsto na Lei Orgânica da Assistência Social.

Em relação às famílias negras, sem condições mínimas de sobrevivência, e que atendem aos critérios do Bolsa Família, o gráfico a seguir confirma o que estamos tratando desde o início deste trabalho. As famílias negras brasileiras lideram o ranking, quando o assunto é a reduzida capacidade de cuidar de seus membros, de maneira adequada, com provimento de moradia, alimentação, vestimenta, educação, cultura, lazer, saúde, segurança, entre outros direitos fundamentais. Em outros termos, os dados revelam a persistência da pobreza geracional, ocasionada pelo racismo, que impacta no modo de vida destas pessoas, nos diversos ciclos geracionais, com prejuízos inclusive para suas crianças e adolescentes, dependentes da capacidade protetiva dos adultos para se desenvolverem de maneira saudável.

Gráfico 2 — Distribuição dos domicílios que recebem Bolsa Família, segundo cor/raça da(o) chefe no Brasil, 2006.

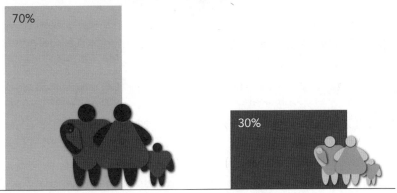

Fonte: Ipea et al. Retrato das desigualdades, 2011, p. 24.

Continua chovendo. E eu só tenho feijão e sal. A chuva está forte. Mesmo assim, mandei os meninos para a escola. Estou escrevendo até passar a chuva, para eu ir lá no senhor Manuel vender os ferros. Com o dinheiro dos ferros vou comprar arroz e linguiça... Eu tenho tanto dó dos meus filhos. Quando eles vê as coisas de comer, eles brada: — "Viva a mamãe!". (Jesus, 1960, p. 153)

Gráfico 3 — Distribuição de domicílios urbanos em favelas, segundo sexo e cor/raça da(o) chefe no Brasil, 2009.

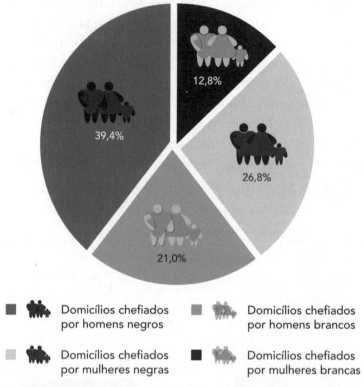

Fonte: Ipea et al., *Retrato das desigualdades*, 2011, p. 30.

A pesquisa no Saica também revelou que as condições de moradia precárias atuam como um elemento importante que favorece a institucionalização. O acesso precário à moradia, longe de ser uma escolha consciente da família, expressa a dinâmica do capital, em que o acesso à terra, enquanto um direito humano, é transmutado em um direito que se efetiva no mercado. A posse da terra é um bem inalienável que o Estado protege de maneira sistemática e as barreiras impostas à população negra, durante e pós-escravidão, se expressam na permanência maciça de famílias negras, vivendo de maneira precária nas favelas brasileiras.

Hoje eu fiz almoço. Quando tem carne... fico mais animada. [...] O João está sorrindo à toa. O pastéis é um acontecimento aqui em casa. Quando eu digo casa, penso que estou ofendendo as casas de tijolos... Os vizinhos de alvenaria olha os favelados com repugnância. (Jesus, 1960, p. 78).

A concentração da população negra nas favelas brasileiras tem relação direta com a renda média das famílias, aspecto fundamental presente no Gráfico 4. Para além da constatação da permanência das mulheres negras como as mais prejudicadas, é fundamental indagar por que a assimetria se mantém. Objetivamente, ao ser engendrado um minucioso jogo, no qual o acesso à educação, formal e de qualidade, e aos postos de trabalho com remuneração básica para suprir necessidades primordiais tem sido sistematicamente negado para a população negra, não é de se estranhar as assimetrias presentes em relação à média de renda da população, segundo a raça.

Gráfico 4 — Renda média da população, segundo sexo e cor/raça no Brasil, 2009.

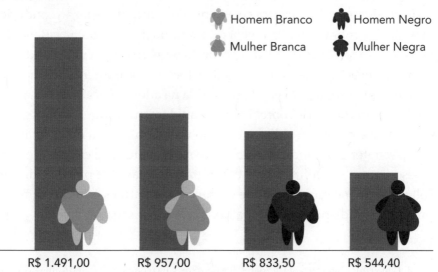

Fonte: Ipea *et al. Retrato das desigualdades*, 2011, p. 34.

A esta desvalorização acopla-se outra, igualmente danosa: a desigualdade de gênero, que marca as mulheres negras com maior intensidade, cuja renda média é quase três vezes menor do que aquela auferida por um homem branco. Se utilizarmos como parâmetro o valor do salário mínimo à época, de R$ 465,00, as assimetrias por raça/cor se explicitam com eloquência. "Quando eu estou com pouco dinheiro procuro não pensar nos filhos que vão pedir pão, pão, café. Desvio meu pensamento para o céu. Penso: será que lá em cima tem habitantes?... Será que lá existe favela?" (Jesus, 1960, p. 45)

2.2 Família: cada um tem a sua!

> *Quando seu moço nasceu meu rebento*
> *não era o momento dele rebentar.*
> *Já foi nascendo com cara de fome,*
> *eu não tinha nem nome pra lhe dar...*[4]

A produção literária da escritora Carolina Maria de Jesus, expressa no livro *Quarto de Despejo*, traz elementos importantes sobre a condição de vida dos moradores da favela do Canindé, localizada na cidade de São Paulo, na década de 1950, a partir do registro da sua vida cotidiana e das mazelas que assolam as famílias locais. A autora, mulher negra, mineira, que migra para São Paulo ainda na adolescência, em busca de melhores condições de sobrevivência, rapidamente torna-se empregada doméstica e passa a residir na casa de uma família rica e, nos dias de folga, sem ter para onde ir, permanece na biblioteca da casa, onde tem acesso a uma vasta literatura. O estigma da gravidez precoce, de ser solteira e da incompatibilidade de servir aos patrões e tornar-se mãe, precipita sua dispensa do trabalho, iniciando a saga na favela.

---

4. O meu guri. Intérprete: Elza Soares. Compositor: Chico Buarque. *In:* BEBA-me. Ao Vivo. Ano 2007.

A obra é um exemplo da capacidade de abstração do real pelo acesso à arte e à literatura. Existe poesia no seu relato, existe vida pulsando e existe a fome, a preocupação com a educação dos três filhos e os medos, além da lucidez, quanto à negligência do poder público, o discurso político para conquista do voto dos pobres, entre outros. Além disso, a obra explicita uma consciência crítica e, a julgar pelo modo como as ações públicas são desenvolvidas hoje, o fato de deixar os filhos sozinhos em casa para catar papelão nas ruas da cidade e retornar para casa ao final do dia, com a banha, o feijão e um pedaço de carne, seria considerado por diversos profissionais do Sistema de Garantias de Direitos, pura e simplesmente, como negligência, ainda que não se descarte ser essencial a presença dos responsáveis junto às crianças em tempo integral. Diversas mediações são necessárias para apreender as particularidades das famílias cujas precariedades são decorrentes das contingências da vida miserável, produzida pelo sistema capitalista.

A escrita realista e contundente, a miserabilidade que circunda seu cotidiano e a falta de perspectivas concretas, em vez de nos remeter ao imobilismo, explicita que a luta pela sobrevivência, sob a égide do capital, extrapola os limites da razoabilidade e desvela o quanto a pobreza no Brasil é geracional e racialmente fundada. A elaboração de formas de superação desta condição precisa relacionar questão étnico-racial e questão social.

Para investigar as possibilidades históricas de desenvolvimento de crianças e adolescentes, no interior do sistema capitalista, faz-se necessário pensar sua inserção de classe, gênero e condição étnico-racial e a relação desses elementos com a totalidade do grupo familiar. O modo de ser de cada família e a qualidade das interações na vila, no bairro, na comunidade e na sociedade impacta cada um de seus membros, ora positivamente, ora negativamente, marcando suas trajetórias e as possibilidades de planejar o futuro e realizar seus projetos individuais e coletivos.

A Política de Assistência Social, promulgada em 2005, nos traz a ideia de que a família deve ter centralidade nas ações desenvolvidas. Assim, a família é compreendida como lócus privilegiado de formação dos sujeitos e, dentre eles, as crianças e adolescentes. Se as famílias, por razões diversas, deixam de desempenhar, adequadamente, seu papel, são aplicadas as mais variadas sanções. A legislação brasileira prevê que, em situações específicas, o Estado pode intervir e decidir sobre as medidas a serem adotadas diante da "desordem" do grupo familiar. É mister pensar que, quando o grupo familiar tem prejudicada sua capacidade protetiva, o afastamento da criança e do adolescente surge como resposta adequada a resolver um problema que é ao mesmo tempo particular e universal, porque várias crianças/adolescentes espalhados pelo país vivem em situações semelhantes. Nossa luta deve ser na defesa/proteção da infância e da adolescência de maneira ampliada e não se reduzir a socorrer de maneira pontual e focalizada aquelas situações que caem no colo dos profissionais que trabalham no Sistema de Garantia de Direitos.

Ao definir a família na sociedade agrária e escravocrata do Brasil colonial, enquanto uma organização fundamental, erigida sob o domínio do patriarca, Bruschini (1989) revela que o modelo de família patriarcal se consolida a partir de padrões culturais europeus, subjugando os modos de vida dos povos indígenas e dos povos negros africanos, o que acarreta o esfacelamento de formas familiares próprias desses grupos e uma reorganização da sua dinâmica interna a partir de valores conservadores. Entretanto, em relação à organização familiar tradicional, a autora contesta a noção de autoridade restrita ao patriarca, expressa por pesquisadores atuais, e caracteriza a mulher branca como uma figura importante na gestão do domicílio, no controle do trabalho dos negros escravizados, na educação dos filhos e como chefe da família na ausência do marido, em vez deste ser substituído, necessariamente, por outro homem do grupo.

Ainda que, nessa análise, não haja a pretensão de discutir aspectos relevantes da tradição africana, em relação à noção de família, o que exigiria uma vasta explanação sobre os diversos valores culturais presentes naquele continente, a análise proposta por Serrano *et al.* (2010) nos fornece pistas valiosas quanto ao cuidado mútuo, uma vez que para os povos africanos, em geral, a identidade está centrada no núcleo familiar, enquanto uma categoria ampla, na qual se encaixam diversos sujeitos que têm como referência um ancestral comum conhecido e preservado na memória coletiva. "A família constitui o cerne da vida social no continente, conotando-o com suas cores mais características. É justamente sua existência que permite apreender por que a África tem suportado séculos de agressões contínuas". (p. 129)

Diferentemente do mundo ocidental moderno, no qual a família se restringe aos parentes diretos, no cotidiano da vida africana o termo mais comumente utilizado é família extensa e na "maioria das línguas faladas na África, não existe palavra equivalente na Língua Portuguesa para 'primo', nem para 'tio', pois todos são considerados irmãos e pais. Também não existe termo equivalente a 'tio-avô' ou 'tia-avó', pois todos são avôs e avós". (Serrano *et al.*, 2010, p. 130)

Certamente, a tradição africana influenciou o modo de ser das famílias brasileiras, pertencentes à classe trabalhadora, e a manutenção de grandes núcleos familiares se configura enquanto uma das estratégias de sobrevivência, em que pese a complexidade que essa formulação acarreta, principalmente do ponto de vista econômico. Há um outro jeito da família brasileira, majoritariamente negra, que sempre possibilitou, e ainda possibilita, a circulação das crianças, sem que isso se configure como abandono.

Relevante pontuar que, no continente africano, como um todo, a incidência de crianças órfãs é baixa, pois sempre existe um adulto disposto a cuidar. No universo de valores africanos, quando a família perde a capacidade protetiva, há uma possibilidade concreta do sujeito ser protegido por outro núcleo familiar, ao qual se incorpora e é por ele incorporado. (Hampaté-Bâ *apud* Serrano *et al.*, 2010) A família extensa, nesse contexto, se consolida como um mecanismo eficiente de proteção social, exercendo o cuidado que a maioria dos governos locais é incapaz de assumir, o que enfrenta limites quando essas se encontram em áreas de confrontos bélicos.

Na África, a família extensa é o verdadeiro centro da gravidade da vida social, base para a perpetuação das culturas e do continente como um todo. Enfim, uma categoria indispensável para a compreensão da psicologia peculiar que rege as posturas e os procedimentos do africano. (Serrano *et al.*, 2010, p. 131)

Ainda que no bojo das transformações da sociedade capitalista se identifiquem uma variabilidade de configurações familiares, a desigualdade de classes permanece como um divisor de águas, no acesso às políticas públicas e na forma como as famílias se organizam e podem suprir as necessidades básicas de seus integrantes. O estudo desenvolvido por Sarti (1996) acerca do modo de ser das famílias *pobres,* parte do pressuposto de que é necessário valorizar suas experiências vividas, localizando suas vulnerabilidades e recursos disponíveis, dentro de um modo de ser peculiar, naturalmente associado à condição de pobreza.

A família, como lugar da experiência de cuidado mútuo, lugar da socialização primária, onde as pessoas escolhem viver juntas por razões afetivas e se cuidar mutuamente, portanto lócus importante de construção do ser social, é problematizada por Szymanski (2002), que discorre sobre como as transformações sociais alteram significativamente as instituições familiares e permitem as mais variadas combinações. Entretanto, ao valorizar as relações familiares, as trocas afetivas e o cuidado mútuo, ela lança luz sobre um fenômeno latente na atualidade, que é o tratamento dispensado indiscriminadamente às famílias da classe trabalhadora e a consequente culpabilização pela dificuldade de autoproteção social.

Nas obras citadas, há um trabalho importante e que identifica as situações cotidianas vividas pelas famílias com baixo poder aquisitivo, entretanto, faltam dados que permitam analisar de que maneira a condição étnico-racial marca a trajetória desses sujeitos.

Em relação à infância, noções distorcidas sobre desenvolvimento infantil são reproduzidas constantemente, a exemplo do discurso conservador, acerca do trabalho infantil como uma alternativa eficaz contra a "delinquência" infantojuvenil. O ECA inova ao considerar tais atividades como grave violação de direitos humanos. É imperioso que crianças e adolescentes devam distribuir seu tempo diário entre atividades escolares em instituições de qualidade, atividades culturais, atividades de lazer, para além do futebol, e devam se beneficiar com a convivência familiar e comunitária, que favorece a sociabilidade. O que crianças e adolescentes negros vivenciam, com frequência, são situações opostas, no exercício de funções incompatíveis, como empregada doméstica, faxineira, babá, vendedores mirins, atividades ligadas à exploração sexual infantil e/ou ao comércio de drogas ilícitas, entre tantas outras práticas inadequadas, que impactam diretamente na possibilidade de um desenvolvimento pleno e saudável. Pensar a criança e o adolescente como pessoas em situação peculiar de desenvolvimento é pensar no seu direito de crescer em ambientes livres de qualquer forma de opressão e exploração. Entretanto, as análises conservadoras se apoiam em tais expressões da questão social para justificar o "desajustamento" do grupo familiar e, eventualmente, para fazer a concessão de direitos sociais, enquanto benesses, caridades, oferecidas por um Estado benevolente e paternalista.

No caso brasileiro, a inserção da criança/adolescente em um serviço de acolhimento institucional tem múltiplas determinações, mas, geralmente, há uma crucificação antecipada da mulher que recusa o lugar do cuidado ou que tem grandes limitações para exercê-lo. Sua atitude sempre será reprovada, mas pode ser valorizada em certa medida, se houver, do outro lado da história, outra mulher cujo desejo de maternidade não pôde ser efetivado pela gestação do próprio filho. Nesse caso, a mãe biológica será incentivada, em nome do amor materno, a abrir mão dos cuidados para que o filho possa usufruir de uma vida "feliz", ao lado da família adotiva. (Motta, 2015) Raramente, nos casos de insuficiência material, por exemplo, encontramos pessoas dispostas a oferecer suporte financeiro para a mãe e o bebê. Em vez disso, ocorre uma desqualificação total da mulher, para que não restem dúvidas acerca da necessidade de resgatar a criança de todas as desventuras. O abismo que se estabelece entre a entrega e a inserção em outro grupo familiar é subestimado, dada a transitoriedade da situação. Transitoriedade, entretanto, não é sinônimo de brevidade nas situações de acolhimento institucional e a permanência nesse espaço deve ser amplamente discutida.

A distinção entre maternidade e maternagem é fundamental para que se perceba a mulher no contexto da entrega. Motta (2015) se refere à maternidade como aspecto biológico, relativo à procriação e à maternagem como universo relacional entre mãe e filho, enquanto uma construção social. De um lado, em nossa sociedade, há a vinculação da maternidade à figura da Virgem Maria, que na doutrina católica simboliza as virtudes e o amor incondicional e que tudo suporta. De outro, há o imbricamento entre capitalismo e patriarcado que coloca a mulher no papel da inferioridade/submissão e considera a maternidade como destino natural, que dá sentido à vida das mulheres. A idealização dos papéis femininos e da maternagem justifica, em grande medida, o discurso da negligência familiar, em situação de extrema pobreza e a separação das crianças.

Se "falta" amor materno, a alternativa posta pela adoção[5] surge naturalmente como passaporte para o futuro protegido, agravada pelo fato de que a "nova vida" começa no encontro entre a criança e os pais adotantes. No ordenamento jurídico brasileiro, a história anterior e a mãe biológica devem ser invisibilizadas, pois figuram como ameaça ao desenvolvimento saudável da criança e à segurança emocional dos novos pais. Motta (2015) propõe a quebra desse paradigma a partir do reconhecimento do mito do amor materno, que nutre a ideia de que todo ato de entrega de um filho é um ato de abandono, de rejeição, de recusa, de desprezo, de repúdio. As consequências da ignorância acerca dos motivos que colaboram para a entrega da criança e a censura em relação à mãe podem potencializar situações com desfechos desastrosos, quer do ponto de vista individual, quer do ponto de vista

---

5. "Parece-nos que não contamos com um número expressivo de pessoas especializadas na área ou mesmo que possam vir a interessar-se e a especializar-se, pois a adoção, especialmente no que se refere à entrega de crianças, por alguma razão, não é assunto lembrado ou considerado suficientemente relevante para ser oferecido como disciplina (ou pelo menos de modo extenso e aprofundado) na formação de psicólogos, assistentes sociais, advogados e outros". (Motta, 2015, p. 40)

RACISMO NA INFÂNCIA

social, como, por exemplo, nos casos de institucionalização de longa duração de crianças e adolescentes, sem que a mãe decline do poder familiar ou consiga reconfigurar as bases do cuidado.

As situações de mães que abdicam do cuidado com as crianças/ adolescentes não podem ser analisadas em sua totalidade pela perspectiva do abandono, pois muitas vezes se configura como única alternativa para uma situação limite, que culmina na entrega a outrem. O abandono, por sua vez, caracteriza-se como descaso intencional pela criação, educação e construção de valores morais, e pode ocorrer, inclusive, em relação às crianças e adolescentes, que permanecem sob os cuidados dos pais ou responsáveis, sem que suas necessidades sejam supridas. Por sua vez, o termo abandonado estigmatiza a criança e o silêncio acerca da sua origem pode dar margem a fantasias sobre um passado horrível e sombrio, que não deve ser revelado.

> A aplicação da referida nomenclatura, além de injusta para com a mulher, gera outras injustiças, pois restringe a própria compreensão da verdadeira situação da criança e a operacionalização das adoções, uma vez que nos leva, por exemplo, a ter dificuldade em identificar crianças, institucionalizadas por anos a fio, como abandonadas. Perante a lei, a mãe ou os pais biológicos ainda detêm o pátrio poder[6], dele não desistiram, mesmo que seu contato com a criança seja ínfimo ou até inexistente. Legalmente estas crianças não estão abandonadas e a manutenção da vinculação legal é suficiente para que seja ignorado o abandono causado pela ruptura gradual dos vínculos, pelo distanciamento, desinteresse pelo seu bem-estar atual e pelo futuro delas. (Motta, 2015, p. 55)

Há que se refletir que abandonar ou ser abandonada tem diversas nuances e ao assumir a tutela de crianças e adolescentes e não promover ações que façam dessa situação algo temporário e breve também se configura como abandono. A execução do acolhimento como medida

---

6. Termo substituído por *poder familiar* a partir da Constituição Federal de 1988.

de proteção para crianças e adolescentes não justifica a violação de outros direitos. Obviamente, a política de assistência social prevê a manutenção de vínculos de parentalidade, de convívio comunitário, de espaços de sociabilidade, mas na prática o baixo investimento nessas áreas faz com que o cotidiano seja repleto de privações de natureza objetiva e subjetiva. Uma infinidade de crianças e adolescentes, que passam a maior parte da infância e/ou adolescência institucionalizadas, estão abandonadas nos serviços de acolhimento, ainda que suas necessidades mínimas sejam supridas. E a totalidade das crianças e adolescentes negras e negros tem suas vidas atravessadas pelo racismo estrutural/institucional.

2.3 Além do horizonte: o percurso da pesquisa de campo

> Mesmo quando os esforços da população negra para manter e estreitar seus laços familiares eram cruelmente atacados, a família continuava sendo um importante caldeirão de resistência, gerando e preservando o legado vital da luta coletiva por liberdade. (Davis, 2017, p. 69)

O trecho acima foi extraído do livro *Mulheres, cultura e política*, de Ângela Davis e, embora a autora faça referência à situação das famílias negras estadunidenses, ao ler o livro pela primeira vez, retornei à minha própria infância e à história de uma família vizinha, composta pela mãe e quatro filhos, em situação de pobreza absoluta e todas as desventuras que acompanham sua trajetória ainda hoje, passados quarenta anos.

Quando minha memória resgata essa história, resgata uma pergunta recorrente: até quando os laços familiares das famílias negras pauperizadas serão negligenciados? Naquela família o amor esteve e está presente, mesmo na atualidade, quando a filha, destemida, ousa questionar a violência policial contra seus filhos, adolescentes

RACISMO NA INFÂNCIA

negros. A consciência de seus direitos e a luta cotidiana para afastar os filhos da criminalidade não ficam subsumidas diante do abuso de autoridade nas sucessivas abordagens policiais. Esta história eu vi de perto e retratá-la me indigna, ao mesmo tempo que me emociona profundamente.

Emoção e indignação são sentimentos que acompanharam o processo de realização dos grupos focais nos Saicas. Houve momentos em que eu desejava não estar ali, em outros me sentia impotente, porque estava impedida de expor a minha concepção acerca do racismo, mesmo quando identificava, nas falas, práticas naturalizadas de discriminação étnico-racial, de gênero e de preconceito em relação à identidade de gênero e orientação sexual, exemplos irrefutáveis das múltiplas violências que esta sociedade produz e que se reproduzem no espaço institucional.

Após identificar os pressupostos básicos da pesquisa, busquei dialogar com alguns profissionais, que trabalham no Sistema de Garantia de Direitos de Crianças e Adolescentes, para verificar se estes identificavam histórias de preconceito e discriminação étnico-racial no âmbito dos Saicas. Essas interlocuções foram essenciais para o desenvolvimento do estudo, pois os relatos, verdadeiras denúncias, revelavam o quanto alguns profissionais dos serviços de acolhimento institucional, na grande São Paulo, reproduzem, no cotidiano das instituições, práticas discriminatórias, usando, inclusive, termos pejorativos referentes às características étnico-raciais.

Diante desses relatos, observei uma lacuna importante na produção de conhecimento acerca do cotidiano de crianças e adolescentes que estão longe do grupo familiar e ficam à mercê da maior ou menor disponibilidade dos cuidadores[7] em oferecer proteção e acolhimento, no

---

7. Oferecer cuidado é uma ação que tem em si várias implicações, mas também diversos entraves. A organização das unidades de atendimento, em regime de plantão, a alta rotatividade de profissionais, as interferências das mantenedoras dos serviços, a dimensão subjetiva dos profissionais e a medida exata do estabelecimento do vínculo, a forma como as relações entre as crianças e adolescentes ocorrem e desses com os profissionais, questões relevantes que são engolidas pela rotina institucional e pelos momentos escassos de formação e estudos de caso.

âmbito institucional, e o "cuidado" negligenciado como desdobramento do racismo institucional invisibilizado na literatura que trata do tema.

Se há consenso entre os estudiosos da área social sobre as necessidades que crianças e adolescentes, desde a mais tenra idade, têm de estímulos, de afeto e de acolhida — debate que será realizado mais adiante —, as práticas discriminatórias, que atingem a população negra, têm impacto direto sobre o modo como esta constrói sua sociabilidade, e, no caso das crianças e adolescentes negros, a medida de acolhimento institucional requer um cuidado maior, pois a reprodução do racismo institucional faz com que elas sejam vistas e tratadas ora a partir da invisibilidade, ora a partir do lugar do feio, do desprezível.

O aprofundamento do tema me fez parar e pensar sobre como vivem as crianças e adolescentes negras no espaço do acolhimento institucional, como o racismo institucional se materializa nessas instituições e de quais recursos os serviços dispõem para enfrentar uma questão tão grave. Este grupo, seja devolvido à família de origem, seja permanecendo institucionalizado por longos períodos, seja colocado em famílias substitutas na modalidade de adoção, tem sua trajetória de vida alterada, de maneira significativa, pelo acolhimento e pelo modo como o racismo opera nesses espaços.

O racismo, na perspectiva que abordamos, vai além de atitudes individuais e/ou ações pontuais de preconceito e discriminação, pois marca a vida dessas famílias abandonadas, ao longo da formação do Brasil e, particularmente, no momento histórico atual. Entre lá e cá, sistematicamente, o Estado retira das famílias pauperizadas o poder familiar e, sob o manto da proteção social, se perpassa uma compreensão de inteira incapacidade de cuidado consigo e com seus membros. Por trás da negligência familiar, com frequência, se esconde a criminalização dos pobres como justificativa para o rompimento dos vínculos familiares, por meio de ações oficiais.

Além da obrigatoriedade de práticas religiosas como as orações impostas por Organizações Não Governamentais que desafiam a laicidade da Política de Assistência Social e violam os direitos de crianças e adolescentes.

RACISMO NA INFÂNCIA

Os procedimentos metodológicos envolveram a pesquisa documental bibliográfica, com a identificação, descrição e categorização das obras pesquisadas a partir de três eixos, previamente definidos: *democracia racial, racismo institucional* e *acolhimento institucional*. A leitura analítica permite estabelecer a crítica ao modelo de atenção à infância, materializado no cotidiano dos serviços, e a pesquisa de campo, cujos rumos poderiam ser diversos, foi formatada na banca de qualificação, que forneceu as bases para delimitação do projeto. Optou-se por pesquisar dois serviços na região Leste da cidade de São Paulo, onde foram realizados grupos focais, com profissionais de nível operacional, médio e técnico.

A pesquisa de campo transcorreu conforme previsto, foram realizados grupos focais com os profissionais dos Saicas, com a finalidade de reunir informações sobre o cotidiano institucional, sobre o quanto o mito da democracia racial dificulta o encaminhamento adequado das situações vivenciadas por crianças e adolescentes negros, sobre as estratégias que podem ser adotadas, seja para a melhoria das condições de permanência nesses espaços, seja para propor alternativas que ampliem o direito à convivência familiar e comunitária, seja para oferecer melhores condições de trabalho à equipe.

Para um uso adequado da técnica de grupo focal, em todos os grupos, eu tive a liberdade de me ater aos participantes, observando seus gestos, expressões, hesitações, pausas, alterações, tensões, que se constituem em comunicação não verbal. Isso foi possível porque contei com a presença de duas moderadoras, assistentes sociais, com quem discuti previamente o projeto de pesquisa e os objetivos do grupo focal, que ficaram responsáveis por checar o perfeito funcionamento dos equipamentos (foram utilizados dois gravadores de áudio, localizados em cantos opostos da sala, além do *notebook*); monitorar o tempo; registrar informações gerais sobre a evolução do grupo e da temática; observar disponibilidades e resistências dos participantes em responder a determinadas perguntas e as interferências externas. Em momentos específicos, ocorreram intervenções pontuais da auxiliar de pesquisa, para elucidar questões que apareceram de maneira vaga, mas que eram essenciais para a análise. Ademais, a parceria no desenvolvimento dos grupos focais possibilitou um espaço de troca ao término da atividade, com a discussão das impressões gerais de ambas.

Ao todo, foram realizados dois grupos distintos por serviço, totalizando quatro grupos, compostos de maneira heterogênea, com profissionais de categorias diferentes. No momento seguinte, realizei um trabalho minucioso de transcrição integral das falas, quando cada palavra foi registrada, em um exercício exaustivo de captar os detalhes e os trechos que, conforme a entonação da voz, em alguns momentos pareciam inaudíveis. Para uma melhor caracterização do debate e localização do sujeito a partir da voz, a transcrição original manteve, durante essa etapa da pesquisa, os nomes verdadeiros dos participantes, alterados somente ao término do procedimento e substituídos por letras e números, devido ao compromisso de manter o anonimato no momento de seleção dos trechos que compõem a tese.

Outro aspecto relevante foram os pequenos ajustes na grafia, que não alteraram o conteúdo da fala, mas corrigiram vícios da linguagem coloquial, que se apresentam de forma espontânea no grupo. Aqui, a preocupação é com o sujeito da pesquisa, que poderia se sentir inferiorizado com a leitura da tese, sem as adequações necessárias.

Todas as etapas de desenvolvimento foram estruturadas a partir dos requisitos necessários para a realização de pesquisa com seres humanos. Houve o compromisso de cumprir as determinações presentes nos documentos elaborados pelo Comitê de Ética em Pesquisa[8], bem como garantir o compromisso ético-político profissional em consonância com o Código de Ética das(os) Assistentes Sociais Brasileiras(os) (CFESS, 1993), responsabilizando-nos pela realização das entrevistas com leitura e anuência dos participantes no Termo de Consentimento Livre e Esclarecido.

Na apresentação dos dados, utilizaremos a sigla (O) para identificar as(os) orientadoras(es) socioeducativas(os), a sigla (A) para

---

8. Pesquisa aprovada conforme Parecer Consubstanciado do Comitê de Ética e Pesquisa (CEP) n. 2.742.144.

identificar a(o) assistente social, a sigla (B) para identificar a(o) psicóloga(o), a sigla (F) para as(os) funcionárias(os) da área operacional. Na sequência, para identificar o Saica será utilizado o numeral 1 ou 2, seguido de um número de 1 a 7, que equivale ao código dado a cada profissional por serviço, que participou do grupo focal. Exemplo: (O1.1). A pesquisadora será identificada com a sigla (P) e a moderadora por (M). Os quadros, a seguir, oferecem um panorama geral dos participantes:

Quadro 1 — Dados dos profissionais que participaram da pesquisa — Saica 1.

Profissional	Idade	Sexo	Raça/cor (livre classificação)	Raça/cor (IBGE)	Escolaridade	Cargo no Saica	Tempo de experiência em Saica
F1.1	36	F	Sem informação	Preta	Ensino Médio incompleto	Agente Operacional	3 anos
O1.1	32	F	Branca	Parda	Ensino Médio	Orientadora socioeducativa	8 anos
O1.2	37	M	Negra	Preta	Ensino Médio	Orientador socioeducativo	10 anos
O1.3	54	F	Parda	Parda	Ensino Médio	Orientadora socioeducativa	5 anos
O1.4	31	F	Negra	Preta	Ensino Médio	Orientadora socioeducativa	1 ano e 9 meses
O1.5	62	F	Parda	Branca	Ens. Superior Pedagogia	Orientadora socioeducativa	3 anos
O1.6	23	F	Sem informação	Parda	Ensino Médio	Orientadora socioeducativa	1 ano e 7 meses
01.7	43	M	Negra	Parda	Ensino Médio	Orientador socioeducativo	1 ano e 8 meses
P1.1	26	M	Negra	Preta	Ensino Superior	Técnico Psicólogo	3 meses

Fonte: Elaboração da autora.

Quadro 2 — Dados dos profissionais que participaram da pesquisa — Saica 2.

Profissional	Idade	Sexo	Raça/cor (livre classificação)	Raça/cor (IBGE)	Escolaridade	Cargo no Saica	Tempo de experiência em Saica
F2.1	36	M	Parda	Parda	Ensino Médio	Agente Operacional	2 meses
F2.2	54	F	Branca	Branca	Ensino Fund. Incompleto	Agente Operacional	1 ano e 9 meses
A2.1	35	F	Negra	Preta	Ensino Superior	Assistente Social	1 ano e 6 meses
O2.1	43	F	Sem informação	Parda	Ensino Médio	Orientadora socioeducativa	7 anos
O2.2	43	F	Negra	Parda	Ensino Médio	Orientadora socioeducativa	3 anos e 10 meses
O2.3	34	F	Sem informação	Parda	Ensino Médio	Orientadora socioeducativa	4 anos
O2.4	42	F	Parda	Parda	Ensino Médio	Orientadora socioeducativa	3 anos e 2 meses
O2.5	51	M	Branca	Branca	Ensino Médio	Orientador socioeducativo	6 anos
P2.1	29	F	Negra	Parda	Ensino Superior	Técnica Psicóloga	1 ano e 2 meses

Fonte: Elaboração da autora.

2.4 Era uma casa muito engraçada...

[...] o que mais ocorre é a violência doméstica, a violência sexual e a negligência [...] não está ligado somente à questão do pai e da mãe que foi negligente ou o pai e a mãe que praticou abuso ou a violência física, tem que ter todo o histórico da família, porque, às vezes, o pai e a mãe estão transferindo o que eles mesmos passaram. [...] das histórias que eu escuto de algumas mães [...] às vezes... eles acham normal, é normal. (O1.1).

RACISMO NA INFÂNCIA

Os fenômenos descritos não são pontuais e restritos a determinada família, antes, são reflexos do modo pelo qual a sociabilidade se organiza, a partir do modo de produção capitalista, em que as relações sociais são marcadas pelo patriarcado, enquanto sinônimo de posse e controle sobre a vida das mulheres e das crianças e adolescentes. A rigidez dos papéis sociais posta pela desigualdade de gênero é um elemento que precisa ser considerado na análise, uma vez que "*a naturalização dos processos socioculturais de discriminação contra a mulher e outras categorias sociais constitui o caminho mais fácil e curto para legitimar a 'superioridade' dos homens, assim como a dos brancos, a dos heterossexuais, a dos ricos*". (Saffioti, 1987, p. 11) A objetificação das mulheres e das crianças, levada ao extremo, se materializa na violência sexual, cometida no universo das relações afetivas.

O relatório publicado em 2010 pelo Fundo das Nações Unidas para a Infância (Unicef) revelou que *38% dos adolescentes brasileiros viviam em situação de pobreza*, percentual superior à média da população (29%). [...] Em relação à violência sexual, dados de 2008 mostram que, de um total de 12.594 casos registrados, 8.674 ocorreram na faixa etária de 7 a 14 anos. Em 2009, ainda conforme o mesmo relatório, *existiam 16.940 adolescentes cumprindo medidas socioeducativas* com restrição de liberdade. Entre 1998 e 2008, *81 mil brasileiros entre 15 e 19 anos foram assassinados*. [...] Realizada em todas as capitais e cidades com população superior a 300 mil habitantes, a 1ª Pesquisa Censitária Nacional sobre Crianças e Adolescentes em Situação de Rua, [...] revelou, em março de 2011, que *havia quase 24 mil crianças e adolescentes vivendo nas ruas* [...]. Por fim, levantamento do Instituto de Pesquisas Econômicas Aplicadas (Ipea), em 2003, mostrou que *86,7% das crianças abrigadas em instituições de acolhimento têm família e 58,2% mantêm vínculos com os parentes*, mas as principais causas para que elas acabem nos abrigos são a *incapacidade financeira dos pais ou o abandono puro e simples. Metade dos 44 mil abrigados do país está nessa situação há pelo menos dois anos.* (Revista *Em Discussão*, 2013, p. 27) [grifos nossos].

Em uma sociedade que não consegue conter a violência porque tem, na essência do modo de produção, a violação dos direitos humanos mais elementares, as respostas construídas para "solucionar" o fenômeno da infância pobre e desprotegida são pontuais e emergenciais, sem contudo articular tais medidas a um processo maior de cuidado e respeito às particularidades presentes nesse ciclo geracional, seja em relação à questão étnico-racial, seja em relação à questão de gênero e à questão de classe. A lógica adotada precisa se valer da culpa, que deve ser imputada a alguém, e nada melhor para uma sociedade conservadora que criminalizar as mulheres que não exercem o papel da maternidade da "maneira adequada". O mito do amor materno, associado ao modelo de família burguesa e a criminalização dos pobres justificam a ideia de que a retirada da criança ou adolescente da família, com brevidade, é a ação mais assertiva, por ser uma medida de proteção aplicada para garantir seus interesses. Efetivado o acolhimento institucional, sem o apoio necessário para que as famílias possam superar situações adversas, cria-se um problema:

> Segundo a pesquisa Ipea/Conanda (2004), os principais motivos que dificultam o retorno dos adolescentes a suas famílias de origem são: precárias condições socioeconômicas (35,5%); fragilidade, ausência ou perda do vínculo familiar (17,6%); ausência de políticas públicas e de ações institucionais de apoio à reestruturação familiar (10,8%); envolvimento com drogas (5,7%); e violência doméstica (5,2%). (MDS/Fiocruz, 2013, p. 147)

As conclusões do levantamento foram corroboradas pelos entrevistados, que defendem a obrigatoriedade de buscar acolhida na família extensa, antes da institucionalização, enquanto uma medida importante prevista em lei, conforme veremos mais adiante.

A seguir, apresentamos o perfil das crianças e adolescentes dos serviços pesquisados:

Quadro 3 — Perfil de crianças e adolescentes — Saica 1.

Idade	Sexo	Raça/cor heteroclassificação	Tempo de acolhimento
17 anos	M	Parda	3 anos e 7 meses
11 anos	M	Parda	2 anos e 1 mês
8 anos	M	Branca	2 anos e 1 mês
5 anos	M	Parda	3 anos e 7 meses
9 anos	F	Negra	1 ano e 2 meses
5 anos	M	Negra	2 anos e 1 mês
3 anos	F	Negra	2 anos e 1 mês
7 anos	F	Parda	2 anos
11 anos	F	Parda	2 anos
13 anos	F	Negra	4 meses
?	F	Parda	1 mês
8 anos	M	Parda	5 meses
12 anos	F	Branca	5 meses
14 anos	M	Branca	4 meses
12 anos	M	Branca	4 meses
9 anos	M	Parda	4 meses
7 anos	M	Negra	4 meses
6 anos	F	Parda	4 meses
4 anos	M	Parda	2 meses
?	F	Parda	2 meses

Fonte: Elaboração da autora.

Quadro 4 — Perfil de crianças e adolescentes — Saica 2.

Idade	Sexo	Raça/cor heteroclassificação	Tempo de acolhimento
11 anos	F	Branca	3 anos e 11 meses
15 anos	M	Branca	3 anos e 11 meses
13 anos	F	Branca	3 anos e 11 meses
13 anos	M	Branca	3 anos e 11 meses
16 anos	F	Branca	2 anos e 7 meses
15 anos	F	Negra	11 meses
03 anos	F	Branca	1 ano e 5 meses
17 anos	M	Negra	1 ano
01 ano	M	Parda	1 ano
10 anos	M	Parda	6 meses
09 anos	M	Parda	6 meses
06 anos	M	Parda	6 meses
15 anos	M	Parda	4 meses
05 meses	M	Branca	5 meses
11 anos	M	Parda	5 meses
08 anos	M	Parda	3 meses
09 anos	F	Branca	2 meses
14 anos	F	Negra	2 meses
04 meses	F	Negra	1 mês
01 mês	F	Branca	1 mês

Fonte: Elaboração da autora.

Em linhas gerais, verifica-se um certo equilíbrio em relação ao sexo, sendo que tanto no Saica 1, quanto no Saica 2 encontram-se

RACISMO NA INFÂNCIA

11 acolhidos do sexo masculino e 9 do sexo feminino. Com relação ao quesito raça/cor, os quadros expressam o modo como cada serviço realizou a classificação, sendo que as diversas terminologias se sobrepõem conforme ressaltado no debate acerca da classificação oficial do IBGE.

Verifica-se no Saica 1 o quantitativo de 16 negras(os) e 4 brancas(os), sem a presença de crianças ou adolescentes de outras etnias, enquanto no Saica 2 verifica-se a presença de 11 negras e 9 brancas. É importante salientar que essa atribuição de raça/cor foi mediada pelos técnicos, que preencheram a tabela e enviaram por e-mail, conforme solicitação prévia, e no desenvolvimento dos grupos focais com o aprofundamento do debate sobre o quesito raça/cor encontramos resultados diferentes, conforme análise que será apresentada mais adiante.

Em relação ao tempo de acolhimento no Saica 1, entre aqueles que estão há menos de seis meses, encontram-se 7 crianças e 4 adolescentes; entre 6 meses e 2 anos são 5 crianças e há mais de 2 anos são 2 crianças e 2 adolescentes. No Saica 2, estão, há menos de 6 meses, 5 crianças e 3 adolescentes; entre 6 meses e 2 anos, encontram-se 7 crianças e há mais de 2 anos são 5 adolescentes.

Merece destaque, neste momento, a análise dos profissionais acerca do acolhimento precipitado, que pode atrapalhar a volta para casa porque, ao comparar a situação real da criança e do adolescente e as condições objetivas da instituição de acolhimento, aparentemente, nesta, eles estarão mais seguros.

Fala-se tanto de família extensa, mas não é... Não tem essa coisa de buscar. Muitos poderiam ter evitado o acolhimento, se antes tivesse feito uma busca na família extensa. A gente tem... quantos estão na casa hoje? (A2.1). Dezoito, dezenove... temos dezenove. (O2.2). Destes, pelo menos dez poderiam estar com a família extensa [...] se a rede de atenção básica funcionasse minimamente, se o Conselho [Tutelar] tivesse feito, antes, uma busca ativa dessa família [...]. Porque, depois que está aqui, as famílias têm um pensamento de que é melhor aqui do que em casa. Aí fica difícil voltar para a família extensa. Por que hoje isso não acontece, se eles estão aqui e existe essa possibilidade? Porque aí parece que a família fica com pena de tirar daqui e levar para aquele lugar que é dele e que ele vai voltar, mas aí ele já entrou, ela já viu que tem as refeições no horário certinho, chega aqui a gente tá jogada no chão brincando com eles, que tem brinquedo, tem presente toda hora e tirar parece um castigo. Tem que fazer todo um trabalho até para essa criança querer voltar. (A2.1).

Em outra perspectiva de análise, a vida miserável, sem as condições mínimas de sobrevivência, de fato, não é lugar para nenhum ser humano viver. A pobreza geracional está tão naturalizada que, no limite, há que se fazer um trabalho de convencimento com a família de que a vida é assim mesmo. A resistência ou recusa da família extensa em assumir o cuidado expressa que as condições materiais não são meros detalhes, mas são essenciais para a sobrevivência. Ora, o desejo de que seus filhos tenham uma vida "melhor", também explica a entrega voluntária dos filhos para adoção, prática que comumente nomeamos como abandono materno.

A trajetória das famílias negras, pertencentes à classe trabalhadora no Brasil, revela que, ao longo do tempo, os núcleos familiares encontraram, e ainda encontram, barreiras diversas na importante tarefa de acolher, proteger e educar filhas(os). Historicamente, no Brasil, as crianças pobres foram mantidas, em geral, sob a tutela do Estado, quando este identificava a incapacidade da família em oferecer proteção, fundamentalmente pela situação de pobreza. O Código de Menores instaura, por vias legais, a compreensão da situação irregular e desenvolve a nomenclatura "menores", como forma de diferenciação entre os filhos das famílias "estruturadas" e brancas e aqueles oriundos das demais famílias, considerados infratores, provenientes de lares pobres, que segundo o pensamento conservador levam fatalmente à delinquência e à imoralidade. Não é por acaso que a maioria das crianças e adolescentes negras(os) são tratadas a partir desse lugar.

O ordenamento jurídico brasileiro passa por profundas transformações desde 1988, com a promulgação da Constituição Federal, e em relação à família, a legislação vigente a reconhece como estrutura vital, lugar essencial à humanização e à socialização da criança e do adolescente, espaço ideal e privilegiado para o desenvolvimento integral dos indivíduos.

O Estatuto da Criança e do Adolescente (ECA) — Lei n. 8.069 de 13/07/1990 — inova ao tratar a criança e o adolescente enquanto pessoas em situação peculiar de desenvolvimento e que necessitam de proteção integral da família, da comunidade, da sociedade e do Estado para se desenvolver com segurança. Enquanto o antigo Código de Menores dava ênfase à situação irregular, o novo ordenamento jurídico se estrutura a partir da proteção integral. Crianças e adolescentes passam a serem compreendidos enquanto sujeitos de direitos, que gozam de todos os direitos fundamentais, inerentes à pessoa humana e de todas as proteções legais, cuja efetivação depende dos esforços empreendidos pelo conjunto da sociedade.

Outra medida importante é a promulgação da Lei Orgânica da Assistência Social (LOAS), em 1993, que apresenta como parâmetro o compromisso de romper com concepções e práticas assistencialistas e institucionalizantes, ainda que o ambiente institucional permaneça burocrático e autoritário. Todavia, é preciso lembrar que a família, lugar de proteção e cuidado, pode ser também lugar de conflito e de violação de direitos da criança e do adolescente, mas as respostas que o Estado oferece e que se efetivam nas ações dos profissionais, vinculados ao Sistema de Garantia de Direitos de Crianças e Adolescentes podem se configurar como prática potencialmente violadora e violenta, que reatualiza o conservadorismo.

Embora os avanços sejam perceptíveis, permanece, em relação à infância e adolescência, um discurso abstrato por parte da sociedade brasileira, por vezes, reprodutor do mesmo estigma presente no período da vigência do Código de Menores. A dramática interlocução entre pertencer à parcela mais empobrecida da classe trabalhadora, ser negra e sofrer, na infância e adolescência, com as violações de direitos, dentre eles a institucionalização, não são motivos suficientes para que se organize um grande levante contra a reprodução do racismo, que impacta sobremaneira essas vidas. O racismo estrutural cumpre a função de ocultar as determinações sócio-históricas e naturalizar processos que são produzidos pelo modo como a sociedade capitalista organiza as relações sociais a nível mundial. A invisibilidade do universo institucional de acolhimento continua a cumprir a função social de proteger a sociedade das crianças e adolescentes indesejáveis.

Há uma inversão da noção de proteção, que implica no controle dessas famílias e seus filhos. Acerca da importância dos internatos existentes para a proteção das crianças e adolescentes carentes, a análise da década de 1990 é atualíssima: "[...] ela é pequena demais para exercer qualquer efeito importante sobre o problema da criança, mas grande bastante para eximir a sociedade de uma responsabilidade social que quase todas as civilizações reconheceram". (Mangabeira *apud* Altoé, 1990, p. 267)

O serviço de acolhimento institucional e familiar para crianças e adolescentes é uma medida de proteção por determinação judicial para crianças e adolescentes diante de violação de direitos ou pela impossibilidade de cuidado e proteção por sua família. Integra o Sistema Único de Assistência Social (SUAS), no âmbito da Proteção Social Especial de Alta Complexidade e o Sistema de Garantia de Direitos. A previsão orçamentária para a área é pequena, diante da grandeza dos problemas sociais, que são estruturais e demandam investimento público robusto. Em relação ao município de São Paulo, onde se localizam os Saicas pesquisados, a operacionalização dos serviços públicos, no âmbito da assistência social, ocorre por meio da celebração de Termo de Colaboração entre as Organizações da Sociedade Civil (OSC), selecionada no edital de chamamento público[9], e a Prefeitura

---

9. A título de exemplo, de acordo com o Edital de Chamamento Público n. 305/SMADS/2017, referente à Prefeitura Regional de Santo Amaro, os Saicas são projetados para atender crianças e adolescentes na faixa etária de 0 a 17 anos e 11 meses, com capacidade de atendimento de 20 acolhidos e, excepcionalmente, até 22, nos períodos de frente fria. O imóvel para funcionamento do serviço pode ser disponibilizado pela Organização, locado por ela, com repasse de recursos da SMADS ou locado pela SMADS (despesas com aluguel e IPTU: R$ 7.000,00). O valor do custeio mensal do serviço é de R$ 75.464,32 (3.1.8.3), para OSC, sem isenção de cota patronal do INSS e para OSC com isenção de cota patronal do INSS: R$ 65.677,50 (3.1.8.2). O repasse de recursos, que se destina ao custeio de despesas, está previsto na Planilha Referencial de Composição dos Custos do Serviço do referido edital, o qual é uma sugestão de gastos, ficando a instituição livre para fazer os ajustes, dentro daquilo que prevê a legislação vigente. Ao analisar a planilha, observamos que 57% do recurso mensal tem como finalidade o pagamento da folha de pagamento dos trabalhadores, composta por 18 funcionários: um gerente de serviço, dois

RACISMO NA INFÂNCIA

Municipal, por intermédio da Secretaria Municipal de Assistência e Desenvolvimento Social (SMADS) e operacionalizada pela Supervisão de Assistência Social de cada região.

Na análise dos termos do edital, verifica-se que as crianças e adolescentes não recebem atendimento prioritário na destinação da verba e mais da metade desta é gasta com os salários. E o cuidado, na maioria das vezes, não atende aos requisitos mínimos preconizados na legislação. De outro lado, as famílias em situação de pauperismo recebem, via Programas de Transferência de Renda, do governo federal, valores mensais irrisórios. Essa análise vai ao encontro daquilo que os profissionais questionam acerca da natureza do serviço:

> Eu acho que o sistema de acolhimento é viável para o sistema! Envolve outras situações (risos), que eu não... sei lá [...]. Tem muito dinheiro envolvido. Sim. Eu acho que quanto mais Saica existir, melhor. (O1.2). Eu nem acho que Saica, mas instituições, todas as instituições, a gente sabe que é rentabilidade e não é para nós, é para os maiores [...] não estou falando presidente [da República], [...] não é velado isso, isso é muito bem claro. (O1.1).

O controle social, em relação ao serviço prestado pelas Organizações da Sociedade Civil, e o uso correto das verbas públicas, em relação aos serviços de acolhimento institucional, não são tarefas simples, dada a própria natureza do serviço, que requer a não identificação do espaço, para preservação da identidade e integridade física do público atendido. Em vários momentos, os profissionais destacam o quanto a sociedade em geral desconhece o trabalho desenvolvido nos Saicas.

> Sou educadora, na verdade eu caí aqui de paraquedas, eu nem sabia, nem tinha noção que existia Saica, abrigo [...]. Assim foi meio assustador ver as crianças que não tinham pais e tal, eu não sabia que existia... Vinham as crianças assim pequenininhas e outras maiores, tinha umas que te abraçavam, outras agressivas,

---

técnicos (assistente social e psicóloga/o), dez orientadores socioeducativos, duas cozinheiras e três agentes operacionais.

outras choravam, mas depois eu fui me apegando a cada uma delas, antigamente eu era operacional... Agora eu sou orientadora, comecei a gostar. (O1.6).

Em relação aos aspectos da pesquisa, importante enfatizar que a Lei n. 8.069/1990 prevê, de maneira integral e articulada, como devem ser organizados os serviços de acolhimento institucional, que parâmetros devem balizar o atendimento e quais condicionalidades devem ser observadas pelos profissionais do Sistema de Garantia de Direitos de Crianças e Adolescentes. Verifica-se que, ao longo dos 30 anos de existência, essa legislação sofreu importantes alterações, as quais, dentre outros aspectos, aperfeiçoaram as estratégias de promoção do direito da criança e do adolescente à convivência familiar e comunitária, mas, no trabalho cotidiano, no atendimento direto às famílias, as ações protetivas carecem de maior resolutividade, com destaque para aquelas prioritárias de manutenção e fortalecimento dos vínculos familiares e comunitários.

> *Tem crianças acolhidas aqui que vêm de um histórico de ter mais cinco, mais seis irmãos acolhidos, tem irmão que já passou por adoção internacional [...] a alta complexidade chegou lá faz tempo! [...] em algumas instâncias falta trabalho para que não chegue nesta complexidade. Então a alta complexidade é a primeira opção? Não tem como você prevenir? (B1.1)*

Em relação à condição de pobreza de novo, a solução é fragmentada, e corresponde a afastar do grupo familiar e prover as necessidades materiais na instituição, ainda que o Art. 23 do ECA determine que "a falta ou a carência de recursos materiais não constitui motivo suficiente para a perda ou a suspensão do poder familiar", expressão incluída pela Lei n. 12.010/2009, em substituição à ideia de pátrio poder. Outro conceito difícil de materializar é o de negligência e sua amplitude, que justifique a intervenção estatal, uma vez que na análise a dimensão subjetiva do profissional responsável por conduzir a questão pode interferir. De maneira sucinta, negligência deve ser entendida como atos de omissão dos adultos, inclusive dos profissionais

RACISMO NA INFÂNCIA

das instituições, que são responsáveis por cuidar daquela criança ou adolescente; caracteriza-se pelas omissões dos adultos na provisão de cuidados globais que garantam o desenvolvimento saudável na infância e adolescência. A negligência não está vinculada às circunstâncias de pobreza, podendo ocorrer, inclusive, nas situações em que recursos razoáveis estão disponíveis para a família ou o responsável. Saliente-se, contudo, que o trabalho da equipe é que dá significado e materialidade ao texto da lei e uma análise crítica das contingências da vida pode minimizar os riscos de um rompimento abrupto entre os integrantes do grupo familiar:

> A priori *é sempre a proteção, nesse caso eles estavam por algum motivo sozinhos em casa. Negligência. A negligência está dentro da questão do ECA. Isso aconteceu à noite, a gente vai deixar? Não [...]. Manda-se para o Saica e é papel da equipe técnica avaliar se é necessário ou não ficar aqui [...] nesse caso não era e em dez dias eles foram embora. E a juíza acata a decisão da equipe. (A2.1).*

Nas situações de acolhimento institucional, há que se apreender o conceito de violência, como esta se apresenta nas relações cotidianas e sob que pilares se organizam as tentativas de solucionar os conflitos. Os ciclos da violência precisam ser desvelados para que as ações, de fato, sejam protetivas e não coloquem essas vidas em risco. Isso não significa que a primeira medida de proteção a ser adotada deva ser o acolhimento institucional. O nó da questão é que nem sempre as(os) profissionais responsáveis por tais encaminhamentos dispõem de formação e/ou tempo hábil para uma análise profunda de tais fenômenos. Em face desta dinâmica, o Art. 94 passa a determinar que as entidades, públicas ou privadas, que abriguem ou recepcionem crianças e adolescentes, ainda que em caráter temporário, devem ter em seus quadros profissionais capacitados a reconhecer e reportar ao Conselho Tutelar suspeitas ou ocorrências de maus-tratos, conforme redação dada pela Lei n. 13.046/2014, mas, no percurso da pesquisa, não foi possível analisar como essa medida foi recebida e nem de que maneira vem sendo efetivada.

2.5 Família brasileira... Dois contra o mundo...[10]

O desenvolvimento da pesquisa de campo com grupos focais transcorreu de maneira satisfatória e a abordagem de questões gerais, sem a introdução do debate étnico-racial no início da atividade, permitiu o estabelecimento de vínculos entre a pesquisadora, a moderadora e a equipe. Ao perceber que o grupo fluía com liberdade, introduzimos a questão do preconceito e da discriminação, sem, contudo, atrelar à questão étnico-racial nesse primeiro momento. Apesar disso, ao indagar sobre uma situação de preconceito, a questão étnico-racial emerge.

> *Uma situação de discriminação racial de um educador com um acolhido e que deixava muito bem claro que não gostava de negros: a criança vinha para abraçar e ele gritava "sai daqui, seu negrinho", dessa forma!!! "Sai daqui, seu negrinho"... [educadora fala e muda rapidamente de assunto]. (O1.1).*

O relato da educadora ocorre de maneira muito espontânea, com a característica de ser uma descrição do cotidiano, sem, contudo, abrir espaço para uma reflexão sobre as consequências daquele ato. Nesse momento, solicitamos ao grupo que pensasse qual era a idade daquela criança, como essa atitude a atingiria, na tentativa de que ela ganhasse centralidade no debate.

> *Tinha uns sete anos. Sim. Todos presenciavam! Todos viam isso, dos educadores até os acolhidos, até as técnicas. [...] A criança retrucava... sim. Corria para outro colo, para aquela pessoa que quer dar o afeto para ela, mas ela sentia. Criança de abrigo é sempre diferente, [...] se ela não é correspondida naquilo que ela sente, ela não vai dizer que te ama, ela vai te xingar. É a defesa deles, é assim. E nesse caso foi assim também, e, com todo o respeito, eu não tiro a razão dela, não. (O1.1).*

---

10. Negro drama. Álbum Nada Como Um Dia Após O Outro Dia. Intérpretes: Racionais MC's. Compositores: Racionais MC's São Paulo: Boogie Naipe, 2002.

RACISMO NA INFÂNCIA

O relato refere-se aos maus-tratos em relação a uma criança de apenas sete anos de idade! Essa criança foi submetida diversas vezes a uma situação de humilhação, validada por todas as outras pessoas presentes no serviço. É importante salientar que o silêncio é cúmplice da violência e, no caso do racismo, o não direito ao afeto será introjetado como verdade por esse menino, por ser negro. O ato é criminoso, mas permanecerá encoberto, porque silenciado por todas(os). As paredes da instituição oferecem a segurança necessária para que o profissional desfira seu ódio étnico-racial em relação a uma criança, institucionalizada e desprotegida, certo da impunidade que lhe assiste. Para ele, não se trata de uma criança, na qualidade de sujeito de direitos, que precisa ser respeitada. Trata-se apenas de um "negrinho", um não ser, a quem se pode destratar sem o menor constrangimento. Constrangidos ficam alguns profissionais que projetam na criança a humanidade perdida. Constrangido pode ser definido como incomodado. Incomodar-se é uma atitude de impacto zero diante de um ambiente institucional inóspito. A criança sente a dor da repulsa do adulto, retruca, mas não dispõe de recursos próprios para enfrentá-lo, porque além de tudo o profissional tem poder sobre a vida dela na "casa". Os recursos para se defender e a proteção precisam ser oferecidos pelos adultos, orientadoras(es) socioeducativas(os), equipe técnica, mas eles não aparecem. Por outro lado, a tentativa de reação do garoto é justificada de maneira temerária: retruca assim porque "é de abrigo". Em outros termos, não se trata de um menino negro que está em situação de acolhimento, trata-se de uma parcela de crianças que são o próprio abrigo, com suas limitações em relação à produção de vínculos saudáveis de afetividade e respeito, algo que parece pouco provável de acontecer naquele contexto.

Em outro episódio, o estigma ganha novos contornos quando a criança é negra e apresenta um comportamento irrepreensível. A equipe ri (falam todos ao mesmo tempo), a agitação é geral, sendo visível o incômodo com a inteligência e autonomia de um garoto negro, aos 4 anos de idade, e o que os intriga é onde ele aprendeu a ser assim.

A [criança] mais comportada é o Gabrielzinho, que chegou agora. Tem quatro anos. Vai fazer duas semanas que ele está aqui. [...] Porque ele é bem educado, tudo ele fala obrigado, tudo ele fala tia [...] eu acho que é a primeira vez [...]. É isso que eu falo [...]. Será que ele já passou por Saica? [...] Porque ele é muito esperto. (F1.1). Dá descarga sozinho. (O1.5).

Aqui o racismo novamente permeia a constituição desse ser, que será adjetivado de modo pejorativo.

Eu acho que ele é da rua, do morrão "tia", porque ele é bem ligeiro. Sabe, essas crianças que é... anda com a mãe na rua... na favelinha mesmo. É bem articulado [...] comunidade, periferia, ele é bem andado, bem conhecido, é bem articulado, ele fala muito bem. Ele vem: "me dá um abraço?", igual no primeiro dia, aí a gente fica: "Ahhh.. que neguinho lindo!". Muito educado. (F1.1).

O enraizamento da ideologia racial está tão sedimentado que, na fala da equipe, fica latente o quanto esse "neguinho lindo" está fora do prumo. As qualidades do garoto são um ponto de convergência no grupo, mas, em vez de propiciarem um questionamento dos estereótipos acerca das crianças negras, fortalecem a ideia do menino malandro, que se "vira" bem, porque é da favela, onde reina supostamente o "jeitinho brasileiro" para se dar bem na vida. O menino negro que se apresenta com significativa autonomia aos 4 anos de idade é qualificado como um menino "da rua". Essa conclusão é absolutamente violenta e causa profundo pesar, na medida em que essa criança está sob os cuidados de adultos que já a colocam na condição de suspeita, fato que certamente se reproduzirá na adolescência, nas sucessivas abordagens policiais a que será submetida, estando ou não em situação de acolhimento institucional.

No outro grupo focal, a certa altura, decido perguntar se o ato de separar irmãos em serviços distintos é uma prática, inclusive, entre os mais novos. Isso para estabelecer conexões entre a história de "Gabrielzinho" e os relatos descritos acima. A pergunta foi motivada por uma suspeita de que a bebê recém-chegada era a irmã do menino de 4 anos, de quem eu havia ouvido a história no outro local da pesquisa, dias antes. Passados alguns instantes, a assistente social se dá conta de que receberam uma bebê de 3 meses, a quem a equipe apelidou "carinho-samente" de bombonzinho e que o irmão foi para outro Saica. *"Mas é porque não tinha vaga aqui. É, um irmão [quatro anos] que cuidava dela".* (O2.2).

Para minha perplexidade, a suspeita se confirmou e os longos segundos que se sucederam a essa resposta foram de impotência, ao imaginar como aquela mulher negra, muito jovem, mãe, provedora das duas crianças, que, apesar do uso abusivo de drogas ilícitas, é frequentadora do serviço e demonstra relações de vínculo e afeto conseguirá se dividir entre os dois serviços para "provar" aos profissionais sua capacidade protetiva. Os filhos foram levados pelo Conselho Tutelar após denúncia dos vizinhos, porque estavam sozinhos em casa. Um menino de 4 anos e uma menina de 3 meses. Ele, o menino "malandro", conforme definição da outra equipe. Ela, uma boneca, um "bombonzinho". Entre eles, expressões agudas da questão social no Brasil, que impactam no cotidiano desta e de muitas outras famílias negras na contemporaneidade. Se era difícil apreender por que os irmãos são separados, a história dessa mulher, que me fora apresentada na primeira aproximação com o Saica, antes da realização dos grupos, e a família separada nos dois serviços que pesquisei são a chave que valida todo este trabalho de pesquisa. O acolhimento institucional é uma medida protetiva importante, previsto no ECA, mas deve ser aplicada em caráter excepcional, pois pode esgarçar ainda mais vínculos familiares fragilizados pela dinâmica da sociabilidade nos marcos do capitalismo e, neste caso, era inconteste a necessidade de que os irmãos estivessem juntos, que Gabrielzinho não era "da rua" e que a família precisava de cuidados.

Os grupos se configuraram como espaços ímpares de expressão e reavaliação das posturas individuais e coletivas, manifestadas pela maioria dos participantes ao final dos encontros, mas nos intriga pensar que a presença de espaços para falar sobre as famílias, seus modos de ser, suas potencialidades e limites, seja algo esporádico em serviços que têm como prioridade absoluta restabelecer o convívio familiar e comunitário, seja na família natural, seja na extensa ou substituta, o que fica explícito na fala da(do) psicóloga(o).

Eu penso que é um tema [racismo] que a gente precisa pensar constantemente, é algo que não está resolvido aqui, não está resolvido na sociedade, é importante a gente pensar e conseguir falar sobre o nosso trabalho. E quando a gente pensa nossa prática, surgem diversas temáticas e essa temática para o serviço de acolhimento é muito cara. E não só pensando nas crianças que estão aqui, mas foi muito bacana poder falar das famílias também. Porque se a gente não fala na família cai naquilo de que a criança chegou aqui, ela não tem uma história. Alguns chegam sem uma história, sem nada, mas eles têm uma história e a gente precisa pensar nas famílias. Seja na família que vai destituir o poder familiar, seja na família que vai ser a substituta. E dar nome às famílias, dar cor às famílias é uma coisa que a gente precisa pensar, por que elas são atendidas em outros lugares, e infelizmente [em relação às famílias negras] demonstra de certa forma mais precariedade no atendimento. (O1.2).

Explicitar os limites da equipe e o baixo investimento em capacitação continuada, em momentos de trocas entre a equipe técnica composta por assistentes sociais, psicólogas(os) e as(os) orientadoras(es)/ trabalhadoras(es) operacionais, também é uma forma de combate ao racismo institucional. Todos os grupos têm elementos comuns: a dificuldade de conceituar o racismo; o uso de uma linguagem que, em maior ou menor grau, reforça os estereótipos em relação à população negra; a dificuldade de acolher as crianças e adolescentes que sofrem os impactos do racismo cotidianamente e de denunciar práticas racistas que, na legislação brasileira, se configuram como crime. O cotidiano institucional também se revela enquanto espaço de ações imediatas e irrefletidas, onde práticas preconceituosas e discriminatórias se desenvolvem e provocam sofrimento em quem é alvo dessas ações.

Um dos indicadores mais usados para aprofundar o debate é a pergunta do quesito raça/cor, um dado importante para a elaboração de políticas públicas em âmbito geral, mas também uma lente importante segundo a qual pode-se ver o sujeito, encoberto pela manutenção do mito da democracia racial, acompanhado do discurso da igualdade.

Desvendar os componentes subjetivos presentes na atribuição de cor aos sujeitos inseridos no espaço do acolhimento institucional tornou-se uma tarefa amarga, à medida que os relatos de violência eram apresentados pelos participantes e era visível em quais situações a equipe se mobiliza e em quais situações são jogadas para debaixo do tapete, literalmente. Chamamos a atenção para isso porque têm sido recorrentes estudos que analisam raça/cor somente a partir da população negra, desconsiderando que a classificação é uma construção social e se organiza em oposição ao grupo que, historicamente, se definiu como superior, a partir de critérios racionalmente insustentáveis. Notem que, nos trechos a seguir, não perguntei sobre a cor, mas optei por indagar sobre características físicas, como estatura, peso, que vêm naturalmente adjetivadas e quanto mais qualidades "boas", mais a equipe se incomoda com o acolhimento.

> *Ela era um pouco mais alta que eu, magra, branca. Branca, cabelos bem cacheados, bem bonita! [...] Porque a gente sempre achou que ela não era caso de criança que poderia estar no abrigo [...]. Pelas atitudes dela, pela conversa dela, totalmente diferente, tanto que foi a única menina que passou aqui muito amorosa. (O1.7).*

E quando o comportamento da criança ou adolescente não atende ao esperado, mas ela/ele faz parte do grupo historicamente considerado "superior", há uma manobra geral do grupo para apreender a atitude rebelde, que certamente tem uma razão de ser, conectando com a história de vida. Basta o desenrolar da conversa para que a cor se revele novamente:

> *Tem um outro caso que nós temos que é o Caíque. Você colocava a mão nele, era automático, já agredia, ele vinha pra cima, xingava [...] ele ficou um ano e sete meses aqui. Xingava, falava palavrão... Para falar com ele, tinha que saber conversar com ele, colocar a mão nele, automaticamente ele tinha uma reação. Tipo assim... nunca teve acesso familiar de pôr a mão, um carinho. Era reação, pôs a mão nele... (O1.7).*
> *— Como vocês descreveriam o Caíque fisicamente? (P).*
> *Bravo! Era bonito, cabelos lisos, loiro. Revoltado. (OI.4)*
> *Cabelo loiro. (O1.5).*

Ao indagar sobre alguma situação de preconceito que presenciaram no cotidiano do serviço, novamente, há uma importante mobilização em defesa do adolescente que fora ofendido pelo orientador socioeducativo, que leva a orientadora a chamar a atenção do outro profissional:

> *Eu presenciei uma, mas até então foi de um orientador para uma criança aqui do Saica, chamando ele de lixo. E aquilo me afetou bastante, me senti muito incomodada com aquilo. Então só porque ele está dentro de um abrigo, ele é um lixo? [...] Conversei com essa pessoa muito a respeito dessa situação. (O1.4).*

Para entender melhor a situação, indagamos se havia acontecido algo anteriormente que resultou naquela atitude.

> *Sim. [...] Ele debatia muito, ele era uma criança muito difícil de lidar... Ele não deixava a gente se aproximar dele, ele não queria carinho. E assim a mãe dele não quer saber dele de maneira alguma. Ela vinha aqui, ela falava na frente dele que ele não era nada, na hora da visita [...] foi muito difícil a gente lidar com o Juarez, até que a gente conseguiu. (O1.4).*

Novamente, o modo como a orientadora socioeducativa descreve a situação e a reação do grupo, ainda que assertiva, desperta o interesse em saber quem era esse adolescente.

> *Querendo ou não, não deixa de ser um preconceito contra ele! (O1.4).*

> *O Juarez ele era aquele garoto, que o modo dele se defender era agredindo [...]. (O1.2).*

> *Físico? Oh! meu Deus [sentimento de ternura], baixinho, pequenininho. Pirralhinho, bonitinho, lindinho. Ele era lindo. Ele é lindo! Branquinho, loirinho. (O1.4).*

> *E muito inteligente. (B1.1).*

> *E muito inteligente. Um dos melhores do abrigo. E da sala também, é tanto que esses dias eu fui na escola, fui conversar com a diretora e ela lembrou do Juarez. [...] agora está em outro abrigo. (O1.4).*

RACISMO NA INFÂNCIA

127

A atividade prossegue e, a partir do relato a seguir, é possível mergulhar no terror da institucionalização quando o adolescente, além de pobre, é negro e tem a saúde mental prejudicada, o que o torna um ser descartável, sem expectativas de desenvolvimento.

> *Ah, eu já... Eu já e eu não gosto nem de lembrar. Eu tenho raiva! [silêncio]. (O1.5).*

> *Porque tem um menino [...]. Ele tem um problema [...] faz tratamento no CAPS e tinha uma orientadora [...]. Ele pediu para sair junto com ela e ela falou que não queria, porque ele era um negro, que ela não queria ele perto dela, por ele ser negro e porque ele era um lixo. (O1.5).*

O acolhimento institucional é uma medida de proteção prevista no ECA, logo, o que se espera diante dessas e outras práticas discriminatórias é a responsabilização da(o) agente na tomada de medidas que garantam a integridade física e psíquica das crianças e adolescentes. O que nos interessa saber é o que está posto no cotidiano institucional que faz com que tais práticas sejam naturalizadas.

> *Falou, falou, ela falou. Ela não me viu, eu estava... ele estava na janela falando com ela, pedindo para sair junto e eu ia ficar com os bebês e ele queria ir junto com o resto do pessoal. Passear com as crianças. Ela ia com as crianças e ele era um adolescente que queria ir junto. Um adolescente! Não ia dar trabalho para ela e ela simplesmente virou e,* antes ela já havia falado que ele era nojento, *não sei o que,* essas coisas todas, *eu não gosto nem de ficar comentando... (O1.5).*

A situação é tão grave que é difícil ser esquecida e se revela na riqueza os detalhes que são apresentados pela orientadora, o que desperta na pesquisadora e nos participantes que ouviram o relato pela primeira vez um misto de sentimentos difíceis de descrever. "Nossa, tia, você já viu isso com o Pedro lá no outro trabalho?" (F1.1). Por outro lado, jamais saberei os sentimentos despertados no adolescente porque não há registro, porque ele não foi ouvido/acolhido na sua dor.

Não, não, ele não respondeu nada, mas ele quase quebrou o Saica inteiro. Eu tive que controlar ele, eu, a cozinheira [...]. Só estava eu, ela, cinco bebês e a operacional. E aí ele queria matar a operacional, ele queria entrar na cozinha para pegar faca, ele queria fazer... Ele pegou lixo, jogou no meio da casa e fez aquela confusão toda. E eu tentando proteger as crianças, os pequenos, porque ele podia jogar qualquer coisa e pegar neles, mesmo sem querer. Porque ele ficou transtornado e eu não tirei a razão dele, nem podia... (O1.5).

De que vale a razão do adolescente, se o adulto, investido do poder institucional, age com a certeza da impunidade? Ao perguntarmos sobre a conduta do serviço com a orientadora quando esta retornou do passeio com as crianças, sobre a notificação do ocorrido à gerente do serviço, o constrangimento é geral.

Aí eu... na hora mesmo... [silêncio geral]. É... não, mas.... Não... foi o seguinte... mas eu passei, só que eu passei da seguinte forma, porque eu não gosto de prejudicar ninguém, cada um sabe de si e sabe o que é certo e o que é errado. Eu não vou apontar ela para você sendo que amanhã eu posso cometer o mesmo erro dela. (O1.5).

E as opiniões se dividem acerca da conduta a ser tomada em relação àquela situação:

Não. Por que ela não passou? Foi conivente também. Porque se é eu, já vou na direção, foi uma, duas. Isso aí não é normal, essa pessoa não serve para estar trabalhando aqui. Então você vai omitir uma coisa que você já viu? (F1.1).

Eu acho que vai de caso a caso, como esse caso foi um pouquinho mais grave... (O1.6).

A descrição prossegue e a perplexidade aumenta à medida que ela descreve o modo como conseguiu contornar a situação: primeiro, com a contenção do adolescente, segundo, ao justificar que nada tem a ver com a situação, e terceiro, adiando a comunicação do ocorrido para a gerente do serviço.

RACISMO NA INFÂNCIA

Para ele se acalmar, eu tive que encostar ele na parede, porque ele tem... O problema é que se você baixar ele vai em cima e se você gritar ele também vai. Eu só segurei ele assim e falei "Calma! Porque quem te xingou, quem falou coisa que você não gostou, não está aqui. Então nós não temos culpa, então você se acalma e deixa para resolver com a gerente na segunda-feira". (O1.5).

Em meio ao caos, é o próprio adolescente que "grita" por socorro, exige o direito à fala, o direito de ser acolhido e pede para falar com a gerente do serviço imediatamente, a despeito da sugestão para resolver, apenas na segunda-feira, um ato de racismo que ocorreu no sábado pela manhã.

Ele falou: "Então liga para ela, liga"... Aí eu liguei para ela, passei para ele. Ela falou "o que está acontecendo?". Aí ele falou: "Ah. Ela me xingou, além de ficar me chamando de nego, fedorento, ainda fica falando que eu sou um lixo, lixo é ela". Ele começou a falar, a xingar, a gerente tentou acalmar ele por telefone e pediu para falar comigo. "O que o menino está falando procede?". Eu falei "com certeza!". Só que aí, o que ela [gerente] fez com ela, eu não sei, porque a gente... (O1.5).

Exposto o caso, notificada a gerente, a situação segue inalterada, como se revela em outro trecho. O silêncio é cúmplice da violência étnico--racial e tão danoso quanto ela. O cuidado e a proteção desse adolescente "não é" responsabilidade de ninguém, ainda que a orientadora refira gostar dele, concordar com ele. O combate ao racismo requer muito mais que gestos bondosos, ele implica posicionamentos ético-políticos. Ao questionarmos sobre a situação atual da profissional, soubemos que ela saiu da instituição, por troca da ONG responsável pela gestão.

[...] depois a gerente veio para esse Saica [outro convênio], nós viemos, mas a gerente não quis saber dela. (O1.5).
— E em relação ao adolescente, qual foi o desfecho? (P)
É... Depois eu consegui que ele limpasse a sala, porque foi ele que sujou, ele tinha que limpar. Eu acho assim, não sei se agi certo ou errado, mas eu falei "já estava limpa, você sujou, vai ter que limpar". Ele limpou a sala, limpou

o quintal, porque ele quebrou a lata de lixo no chute, limpou tudo e depois foi conversar com a cozinheira. Ela deu café, que já era hora do café. Ele me ajudou com as crianças, dar mamadeira, entendeu... Ele passou de boa depois, mas não aceitou mais ela. (O1.5).

Se é possível identificar algo positivo nesta história, o mérito vai para o adolescente, que questiona, quebra algumas amarras e agarra as possibilidades de existir naquelas brechas que a sociedade não conseguiu fechar.

É, depois... de um tempo... de uns dois meses que a gerente veio para cá, ele veio. (O1.5). Faz um mês que ele saiu daqui. (O1.7). [...] Agora ele foi [...] morar com a família. (O1.5). Ah, foi para a família. Qual a idade dele hoje? (P). Dezessete. Vai fazer dezoito agora em dezembro. (O1.5).

Por tudo o que fomos identificando, uma pergunta não poderia ser esquecida diante de tamanha violência, seguida de uma completa omissão da instituição. A bomba é jogada no meio da sala, de maneira despretensiosa, quando eu perguntei: "— Ele é um menino bonito?". E antes que eu pudesse concluir o raciocínio, a resposta vem como um foguete: "Não. (O1.5). Não. (O1.6). Auguuuuusto [trata-se do outro orientador] [risos] olha só o que eu falei! (O1.5) [silêncio prolongado].

A percepção do preconceito arraigado, que embaralha a visão ao ser expressado, gera constrangimentos na profissional que pede socorro à equipe, e os profissionais, ao tentarem consertar a situação, expõem ainda mais o racismo naturalizado.

Não é bonito, mas também não é feio [responde aos gritos]. (F1.1). Mas ele é agradável, sabe, é carinhoso. Ele é... Ele é carente, ele é muito carente. (O1.5) [...] Ele está no abrigo desde os sete meses... (F1.1).
— Está no abrigo desde quando? (P).
Sete meses de idade, agora que os irmãos pegaram. Ele já passou por todos os Saicas, os irmãos também eram de Saica. (F1.1). [silêncio prolongado].

O sonoro *não* do grupo revela o racismo introjetado e reproduzido de maneira automatizada e se traduz na ideia de que o adolescente negro não requer atenção, não tem necessidade de cuidados e, portanto, não tem defesa. A situação revela ainda que o crime é ocultado quando não existe denúncia, uma vez que o adolescente não tem um espaço de escuta das suas demandas, pois ele certamente teria muito a dizer. Em uma situação de discriminação étnico-racial inquestionável, quer no âmbito individual, quer no âmbito institucional, a conduta adotada foi de cumplicidade com a profissional. Quando, diante de uma violência como essa, nenhuma providência é tomada, institucionalmente se mantém a ideia de que o racismo é natural e inevitável, sem mediações possíveis no âmbito das relações institucionais. No mais, para a maioria das pessoas socializadas em uma sociedade racista, aquela orientadora socioeducativa tinha razão: ele era um adolescente negro e com "problemas mentais", logo, descartável, um "lixo". Uma das pistas para as sucessivas omissões, que fortalecem a reprodução do racismo institucional, está na fala da testemunha ocular do feito, a qual, após afirmar, sem titubear, que ele não é bonito, conclui: *"Eu não vou apontar ela para você, sendo que amanhã eu posso cometer o mesmo erro dela"*. (O1.5).

O racismo naturalizado nas práticas institucionais passa a ser alvo de ações contundentes, a partir dos anos 2000, pois não é possível que, em nome da tolerância, o desrespeito ao outro permaneça como a pedra de toque das relações sociais. No relato anterior, há uma junção do racismo institucional, constante e sem trégua, silenciado pelos profissionais daquele serviço de acolhimento, e a prática de crime racial pela orientadora socioeducativa. O Estado, que assume o dever de cuidar das crianças e adolescentes privados do convívio familiar e comunitário, estabelece normas e diretrizes para o acolhimento institucional, falha na capacitação permanente dos profissionais do Sistema de Garantia de Direitos, o que pode favorecer a reprodução de práticas racistas, sexistas, LGBTfóbicas no cotidiano dessas instituições.

Tem um Shrek[11] aqui, a gente chama ele de Shrek, é o Douglas. Ele é ogro, tem 17 anos, mas você sabe o que desmonta ele? Um abraço. Você dá um abraço nele, você desmonta ele todinho. Aquela rigidez... (O2.4).

Em várias situações, o uso de apelidos, o que parece um gesto de carinho, expõe um olhar padronizado da equipe em relação àquela criança ou adolescente. O jovem em questão sobrevive, como a maioria dos acolhidos há muito tempo, uma vez que já percebeu o quanto os vínculos são efêmeros, mas era importante apreender o sentido do apelido atribuído a ele. Vejamos:

[...] É que ele é muito forte, ele faz karatê, ele joga bola, ele faz um monte de coisas, mas ele é bem agressivo, calado, ele é bem duro mesmo, é a vida que acaba fazendo isso. Se vê que ele está tão assim, a gente chega, bem rígida com ele, a gente fala, a gente bate boca, enfrenta, tête-a-tête com ele mesmo. Quando chega no outro dia, um abraço desmonta ele. (O2.4).

E apreender principalmente a história desse adolescente, como o racismo impacta naquela trajetória de vida, porque seu endurecimento não é natural, posto que é decorrente do modo como as relações sociais se apresentam no cotidiano, mergulhado em atitudes que tendem a desumanizar o "outro", visto como diferente e "inferior".

Como? Ele é negro, tem 1,67 de altura... É magro, mas ele é troncudo, braços fortes. Uma bomba-relógio! Ele é muito impulsivo, mas assim qualquer coisa, se você tiver carregando uma sacola e disser: "Douglas, me ajude aqui", ele vai lá e já pega. Ele é sempre disponível, às vezes ele está lá comendo e você fala assim, "ô, Douglas, me ajuda a carregar aqui um negócio", ele para o que está fazendo, te ajuda. (B2.1).

Tem dia que ele acorda, te dá bom dia, ele até te dá um beijo, tem dia que ele acorda, nem olha para a sua cara. De repente, tem alguma briga, ele interfere [ajuda]. (O2.4).

---

11. Personagem principal do filme "Shrek", que significa "medo", "pânico" ou "terror". Sua personalidade original era de ser mal-humorado, grotesco e egoísta que só queria sossego e, após conhecer a princesa Fiona, seu comportamento muda radicalmente.

RACISMO NA INFÂNCIA 133

Pelo pouco que a gente sabe ele saiu de casa. Porque eu acho que era um pouco pesado para ele lá. Então ele saiu... Na verdade o processo dele é de 2013, ele tinha 12 anos quando foi acolhido pela primeira vez, ele foi para a Praça da Sé. Ele foi para a rua. Quando ele foi encontrado, ele trocou o nome porque não queria que encontrassem a família dele. [...] parece que ele foi criado pela avó, aí a avó morreu ele tinha 10 anos. Ele foi morar com a mãe, só que ele não se identificava com a mãe. Tinha um padrasto também, que era envolvido no crime... (B2.1)

Uma das expressões do racismo institucional que se identifica, aqui, é a ausência de registro contínuo da história do adolescente e de interlocução entre os diversos serviços que compõem a rede socioassistencial, o que favorece a construção de hipóteses diversas, que não permitem desvelar a essência do abandono de Douglas. Há a presença de uma avó falecida, apresentada como referência máxima para ele, e há a desqualificação da mãe, que escolhe como companheiro uma pessoa "do crime". Quanto à figura paterna, não há qualquer descrição. Sem conhecer a história como um todo, pode-se cair na armadilha do reducionismo, de julgar moralmente a partir da aparência, porém, o tempo é implacável e esse jovem é signatário das falhas do modelo de proteção da infância no Brasil.

O racismo institucional incide com violência sobre as famílias negras no Brasil, impacta na capacidade protetiva de seus membros e, por vezes, coloca as crianças e adolescentes em situação de vulnerabilidade social, quando estes, por diversas razões, buscam na situação de rua[12] modos de sobrevivência.

Ah... ele se vê mandão, dono da situação... É complicado, mas se vê que ele chega armado, na situação... Ele é, mas muito fechado [...]. Tem que ser devagar para você chegar até ele, se você chegar de uma vez, vai sair faísca. Agora ele está no curso [...]. Essa aproximação ainda está muito distante. (O2.4)

---

12. FERREIRA, T. *Os meninos e a rua*: uma interpelação à psicanálise. Belo Horizonte: Autêntica, 2001.

A alternância entre a rua e o Saica, as violências cotidianas, a fragilidade e/ou ausência de vínculos familiares e comunitários são elementos que potencializam as situações de abandono que, certamente, serão agravados quando ele completar a maioridade.

A preocupação é um lugar para ele ficar, ele vai ter que se desenvolver, a gente sabe que ele se vira. A gente sabe totalmente disso, porque se fosse para ele entrar no mundo errado, ele já tinha entrado faz tempo, ele teria ficado na casa dele, porque lá era errado. Ele saiu de lá e isso que é muito bom. Esse fato, do fechado, que é difícil. (O2.4).

A equipe do Saica expressa certo cuidado com este jovem, ainda que rotulando e reproduzindo estereótipos, mas ele estabeleceu um modo próprio de suportar a realidade. Entretanto, aquilo que é motivo de aplausos deve ser analisado como uma expressão do racismo que, quando não aprisiona, mantém em situação de rua. Ousaria dizer que o distanciamento dele, e a dificuldade de dar ou receber afeto, extrapola o grupo familiar e está mediada também pela qualidade das relações que se estabelecem sob tais bases, na medida em que há uma tendência da sociedade em desumanizar essa população. Aqui, a equipe técnica não faz qualquer referência sobre a possibilidade de encaminhamento dele a uma Residência Jovem, por exemplo. No âmbito institucional ninguém considerou, ainda que remotamente, a possibilidade de ele sair da instituição com uma vaga em uma universidade, de prestar vestibular ou algo nessa direção. Aos jovens negros está dado que eles terão que se "virar" na vida para sobreviver, o que é absolutamente complexo.

A dificuldade em discutir as relações étnico-raciais ocorre porque toda a construção social se estrutura a partir da negação da presença negra no país, segundo uma ideologia que propaga um caráter negativo, inferior, desqualificado, entre tantos outros adjetivos, e quando se indaga sobre raça/cor, sem uma reformulação anterior do que significa ser negro no Brasil, o que se torna consciente é o reforço de que, em relação à população negra, equivale a perguntar se ela é perigosa, insolente, violenta e ruim.

Eu não gosto de falar sobre isso, não. Porque o racismo já começa pela forma da gente ficar perguntando. Para mim todo mundo é igual. Que nem é... ficar contando quantos tem aqui dentro, então, não curto muito ficar falando desse assunto, não. (O2.3).

Àquele que responde no âmbito dessa construção perniciosa equivale a aceitar como um dado irrefutável o lugar da desqualificação. Logo, com frequência, a própria população negra se identifica a partir de matizes que expressam a discriminação sofrida na vida cotidiana. A dificuldade de lidar com a temática se expressa também na autodeclaração da equipe, imersa na cotidianidade, pois ao final da atividade entregamos aos participantes uma ficha de identificação pessoal e novamente os participantes se veem diante do dilema em relação ao quesito raça/cor:

Eu vou pôr que sou branca... Ou eu coloco o que está no registro? (O1.1). Vou pôr que eu sou parda, eu não sou negra. (O2.4). Eu acho que eu sou preta, eu acho que eu não sou nem parda. Minha mãe colocou parda porque eu acho que eu nasci meio clarinha. Mas também é raridade nascer um bebê bem negrinho. Eu sou marrom bombom, vai [risos]. (O1.4). [risos] Milena, você não é preta, preta é a sua blusa. (O1.2). Você não é preta, é negra. (02.4) [...] [várias vozes]. Parda e eu sou parda? Negra. (F1.1). Você é negra? Não é preta!? (O1.5). [intensa discussão sobre a cor das entrevistadas e não há consenso].

Em outros termos, ser negro para uma parcela significativa é ter a cor da pele escura. Ser preto significa assumir o lugar mais desqualificado pela ótica da branquitude. Em um país racista, onde ser preto cotidianamente é associado a ser ruim, fugir do lugar da invisibilidade ou da constituição marginalizada pressupõe afastar-se desesperadamente de tudo o que remete ao preto, na ânsia de ser identificado como um não branco, ou pardo, que muitas vezes pode ser sinônimo de não negro. Portanto, essa dificuldade tem raízes históricas, uma base real concreta, a desigualdade étnico-racial. Dialeticamente, o racismo se reatualiza nessa dinâmica e autodeclarar-se preto continua a exigir uma consciência política, em um país marcado pela desqualificação da população negra.

O preconceito étnico-racial se reveste de uma autonomia nos relatos dos participantes e se apresenta como uma marca que a população negra carrega. É como uma tatuagem, que o outro, negro, insiste em exibir. Em outros relatos e ocasiões, ser negro (a somatória de pretos e pardos segundo o IBGE) surge como algo incompreendido e as formas para explicitá-lo são ainda mais confusas, reforçando estereótipos:

> *Uma situação que aconteceu aqui no Saica da criança com ela mesma, só que eu não sei se é um preconceito que ela tem contra ela mesma ou se é uma confusão de identidade [...]. Eu estava brincando com essa adolescente na quadra, aí de repente ela fala [...] "eu sou morena", e eu falei: "Você é morena!? Você é da cor do tio, o tio é negão" [...]. "Filha, você é negra, tenha orgulho da sua cor" e [ela] "eu quero fazer chapinha no meu cabelo, deixar ele liso". Eu falei, "seu cabelo é lindo e ele é natural". Ele é lindo, o cabelo dela nem é crespo, o cabelo dela é cacheado, nem é crespo igual ao nosso, o cabelo dela é lindo. "Você é negra, não fica falando que você é morena, que aí sim é que as pessoas vão dar risada de você na rua. Você é uma negra linda, para com essa bobeira" [...]. (O1.2).*

A pergunta sobre a raça/cor deve ter como parâmetro quem é esse outro que eu almejo conhecer. Se os estereótipos e preconceitos cristalizados ao longo da história insistem em maldizer a população negra, não há o que conhecer. Essa lógica pode explicar por que, ao invés dos profissionais buscarem entender o dilema da adolescente que deseja ser de outro jeito, a equipe reforça a ideia de que o preconceito está nela, quando, de fato, o preconceito é contra ela e ocorre no cotidiano, em práticas reiteradas que, de tão corriqueiras, acabam por serem naturalizadas.

> *Ela é tão lindinha de corpo, [e de rosto não?] não põe um biquíni. A gente vai para a piscina, para o sítio, ela fica de roupa [...] (O1.4). Se ela não arrumar o cabelo, ela anda de touca o dia inteiro, pode estar o calor que for [...]. Aí eu falava de negro com ela, e ela: "Ah eu não sou negra!". Eu falo: filha quem*

que é preto aqui? Eu sou preto? Que cor que eu sou? Eu acho que eu sou marrom [riso geral]. [...] Preto é seu cabelo, seu olho, mas você não é preta, você é marrom, você é negra. Para com isso! [...] Moreno aqui são os meninos, o Antônio... eles que são morenos. (O1.2).

No estágio atual da sociedade brasileira não é plausível imaginar uma sociedade erguida sobre dois pilares de sustentação de pigmentação da pele: brancos, de um lado e negros, de outro. A categoria étnico-racial é permeada por diversas determinações sociais, culturais, religiosas e a cor da pele tem diferentes matizes e essa questão seria apenas um mero detalhe, não fosse a atribuição de valores absolutamente antagônicos para um e outro grupo. Entre eles abre-se a possibilidade da construção de uma paleta de cores, do melhor ao pior em termos sociais. Não se trata de uma guerra entre mocinhos e bandidos, mas trata-se de, a partir do dado real de que o racismo estrutura as relações sociais no país, atingir com maior intensidade e violência a população negra e desencadear situações de preconceito e discriminação étnico-racial, buscar estratégias para enfrentá-lo sem relativismo, para que se possa conhecer a essência de tais processos.

O padrão de beleza é normativo, implica prejuízos às pessoas, principalmente às mulheres, quando se submetem a procedimentos apenas para atender ao que é imposto como ideal, o que é ainda mais prejudicial na infância e adolescência. Essa orientação se estende aos profissionais do serviço de acolhimento institucional e é condição primordial para que os acolhidos não sejam submetidos a situações vexatórias. O relato a seguir destaca o quanto esse comportamento é importante: *"No outro Saica a gente tem problemas com uma criança, de 9 anos. Ela tinha um cabelo lindo! O tempo todo as pessoas falavam para ela alisar, alisar".* (A2.1). A reprodução do padrão de beleza ideal permeia o trabalho no Saica e a criança ou adolescente é exposta a situações vexatórias o tempo inteiro.

Era orientador ou então um voluntário que vinha, que não era feito esse trabalho com o voluntário antes. Falaram tanto, falaram tanto que ela decidiu alisar...

Ela alisou, olhou no espelho... Ela chorou uma semana inteira. Aí, vamos pôr aplique... Ela tinha só 9 anos, tacaram química no cabelo da menina. (A2.1).

Aqui a questão que se coloca é a responsabilidade legal em relação à criança ou adolescente e os limites da autoridade do gerente e da equipe do Saica para decidir sobre questões relativas ao corpo, à constituição do sujeito. Nesse relato, a criança foi vítima da ação de um "voluntário", o qual submeteu seu cabelo a um processo químico, que foi um desastre. E o mais grave é que tudo foi feito com a anuência do gerente do serviço: *"Um voluntário! Ele foi autorizado. [...] Pelo gerente. Colocou. E foi autorizado. E aí, coitada, ela olhou para o espelho, além de tudo teve que cortar o cabelo dela. Ah! vamos pôr não sei o que..."* (A2.1).

A criança é exposta a uma situação vexatória, a violação de diversos direitos humanos fundamentais relativos à sua integridade física/psicológica, dignidade, autonomia e liberdade.

Cortou, assim um pouco no ombro. E vamos pôr a trança, porque ela queria comprido de novo. Colocou a trança, ela só tinha 9 anos, não conseguiu dar conta [de cuidar das tranças]. Aí foi indo tudo para ela, "está vendo, você quer alisar a gente alisa, você quer pôr o cabelo, depois não aguenta". Ela só tinha 9 anos, ela entrou no banheiro e ela cortou o cabelo inteiro. [...] Agora pronto, está resolvido [...] (A2.1).

Em relação às crianças e adolescentes, enquanto pessoas em situação peculiar de desenvolvimento, cabe aos adultos orientá-las sobre as consequências de mudanças radicais e opor-se, explicando os motivos, quando nitidamente algo pode dar errado. Na perspectiva do cuidado, é papel do orientador socioeducativo avaliar com a criança ou adolescente os impactos da mudança na sua autoestima. Obviamente essa postura envolve proximidade entre orientadoras(es) e as crianças/adolescentes, pressupondo a individualização do cuidado, de modo a fugir de procedimentos massificantes.

O da Paula precisa só soltar os cachos. (O2.3). Eu sentei com ela no computador outro dia e ela disse: "olha, eu quero fazer isso", no computador. Ela me

> *mostrou. Era um cabelo liso, platinado, e o cabelo dela, se ela solta fica assim [volumoso], lindo. Eu, olha... assim, seu cabelo é assim [mostrando outras imagens]. "Assim não, tia, eu quero liso." Ela quer passar o Natal com o cabelo liso, platinado, pensa o que vai acontecer com esse cabelo! O que eu tenho visto que a gente consegue, [a técnica consegue orientar e valorizar a adolescente] é dado esse tempo para a gente sentar e conversar sobre essas coisas, que em outros lugares é bobagem. (A2.1).*

As manifestações de preconceito e discriminação étnico-racial ocorrem cotidianamente e, por vezes, ganham destaque nas conversas informais, nos diversos veículos de comunicação, nas instituições públicas e privadas, mas sempre tomadas em sua expressão singular, com o intuito de refutar seu utilitarismo e sua dimensão universal. Essa cisão pode ser explicada pelas características que organizam o cotidiano, difíceis de serem modificadas sem que a reflexão crítica acerca de tais ações ocorra.

> *Não é só de cor, ela tem preconceito com ela mesma, ela se acha feia. Não, eu acho que não, não está ligado a cor não. (O1.3). [...] Eu não consigo entender que é uma coisa de preconceito dela com ela mesma [...]. Quando você é adolescente você quer pertencer a algum grupo [...] eu não conheço a história de onde ela vem para dizer quais eram as referências que ela tinha. Será que de repente [...] o ideal é de uma menina de cabelo liso? Com um corpo "x"? [...] Se identificar com uma imagem que não necessariamente corresponde à que você tem no seu corpo. (B1.1).*

No Brasil, como discutido amplamente nesta pesquisa, a atribuição de cor aos indivíduos constitui uma tarefa absolutamente complexa, mediada por noções baseadas no senso comum. O discurso descontextualizado que busca, por meio de características biológicas comuns a todos os seres humanos, desqualificar o debate, que é de caráter sociológico, reatualiza o conservadorismo nas práticas sociais. Achar-se feia é um problema dela, desconectado de um poder da branquitude que historicamente nomeia como padrão de beleza, o branco e tudo o que ele simboliza.

Nomear os sujeitos e perceber em cada um deles a maior ou menor inserção social a partir do quesito raça/cor não se configura um essencialismo. Na elaboração da tese, o percurso traçado vai na direção oposta e pretende, ao identificar, pela via da heteroclassificação, o pertencimento étnico-racial das crianças e adolescentes em situação de acolhimento institucional, provocar o questionamento acerca da presença majoritária de crianças e adolescentes negros e pauperizados nos Saicas. A pergunta norteadora desse eixo foi: quando se indaga sobre o perfil étnico-racial de crianças e adolescentes em acolhimento institucional, com frequência os dados apontam uma presença majoritária de sujeitos de cor preta e parda. Essa é uma realidade para vocês? A resposta foi: *"É. É... mais ou menos, mais ou menos. (O1.1). [...] Isso não é só a questão de um acolhido, tem vários acolhidos que não se veem como aquela pessoa negra, pertencente daquela raça, daquela cultura".* (O1.1).

A equipe encontra dificuldades para falar sobre o assunto, não consegue ver as crianças e adolescentes a partir do quesito raça/cor. E chega a insinuar que isso é inviável porque eles não se enxergam por critérios étnico-raciais. O grupo tenta realizar a contagem, não há consenso, diverge quanto à cor das crianças, à textura do cabelo: *"A gente tem metade, metade. Metade e metade. (O1.6). — Então quantas crianças brancas a gente tem aqui hoje? (P). Uma. (O1.7). Porque as negras, três. (O1.5).*

Ao final da contagem, a equipe chega à conclusão de que tem cinco acolhidos brancos e doze negros, sendo que três permanecem sem classificação.

A importância acerca da descrição tem a ver com a maneira como o debate étnico-racial perpassa as atividades no serviço. Por trás da raça/cor tem uma história que pode ser desvelada à medida que nos dispomos a conhecer quem é este outro e sua família e indagamos sobre sua ancestralidade. Eu preciso conhecer para nomear. Esta questão é grave e os participantes do Saica 2 apresentam a mesma dificuldade sobre quantas crianças negras estão lá.

RACISMO NA INFÂNCIA   141

Eu, o João, Carlos, a bombonzinho, a Marcela, a Júlia. (O2.3).
— E os outros são o quê? (P).
São brancos. (F2.1). Os outros são misturados. Misturados mesmo. Todo mundo
leva no sangue, mas na cor, na pele.... (O2.3).
— E quantos são brancos? (P).
Nenhum. (O2.1). Café com leite. (F2.1). São pardos. Se for falar de tom de
pele, sim. Porque mistura as raças e a gente não sabe como definir. (O2.2).

A repetição se estende a todos os grupos, o que deixa explícito o quanto a temática não é abordada, nem mesmo para saber quem são as crianças acolhidas e suas heranças familiares: "Ah, não. Tem cinco negras, todas as outras são brancas". (Equipe).

A invisibilidade do quesito raça/cor é uma das expressões mais comum do racismo institucional, que judicializa as situações de violação de direitos das famílias pobres, em sua maioria, pretas e pardas. O silêncio acerca do racismo na infância e juventude é um ato devastador, mormente quando se analisa a trajetória das crianças negras ao longo da história do Brasil. Os profissionais que participaram da pesquisa expõem com eloquência as contradições presentes nos serviços e a ausência de debate acerca do pertencimento étnico-racial. Tais limitações têm impactos no processo de permanência no ambiente institucional, na articulação entre a história familiar e as fragilidades vividas pelas crianças e adolescentes nesse momento específico da vida, na caracterização daqueles que estão aptos para a colocação em famílias substitutas. Em várias exposições, os pretendentes a adoção receberiam informações absolutamente divergentes acerca da condição étnico-racial da criança pretendida. Este é um dos motivos que justificam a urgência acerca do debate étnico-racial, afinal, as crianças e adolescentes institucionalizados são detentores de uma história na qual origem étnico-racial, classe social, gênero, crença religiosa, sexualidade são fatores que tecem sua existência e não podem ser negligenciados.

Por outro lado, há uma tendência geral de nomear o racismo a partir da textura do cabelo, como veremos a seguir.

2.6 Não é sobre cabelos ou tranças! É sobre racismo na infância!

A análise da reprodução do racismo no Brasil parte do princípio de que ele está presente na organização da sociedade como um todo, acarretando prejuízos à população negra em todas as esferas da vida cotidiana e se expressa com maior ou menor intensidade segundo critérios objetivos e, ao mesmo tempo, subjetivos. Há uma espécie de categorização e a depender de onde o sujeito negro esteja, será necessária uma ação direta de discriminação étnico-racial para fazê--lo entender que vive em uma sociedade racialmente fundada. Isso ocorre quando a pessoa negra decide ocupar espaços historicamente destinados à população branca, pertencente às frações mais bem remuneradas da classe trabalhadora ou à parcela minoritária, que é a classe dominante.

Exemplo dessa realidade são as situações de racismo vividas por alunas(os) negras/os que, por meio da Política de Ação Afirmativa, se matriculam nas melhores universidades públicas do país e são desrespeitadas cotidianamente por pessoas brancas, a quem historicamente foi dito que o conhecimento científico era privilégio da branquitude. Identificar como opera o racismo nestes episódios, e analisá-lo enquanto uma dimensão da totalidade social, é complexo. As relações sociais são automatizadas e decorrentes da necessária manipulação do real, que naturaliza o lugar da pobreza e cerceia os direitos humanos de amplas parcelas da classe trabalhadora.

O pauperismo se coloca no cotidiano, enquanto um processo direto de privações e miserabilidades, sem relação direta com a questão étnico-racial que organiza a vida nas Américas, e no restante do planeta, desde a expansão colonial, e adquire novas configurações na atualidade. Apesar disso, as pessoas sabem que a igualdade não existe, elas têm consciência de que são diferentes e, quando podem falar sem censura, passam a explicitar suas impressões acerca do que o racismo representa. Um dos recursos mais recorrentes para verbalizar o que é o racismo é exemplificar as discriminações a partir do fenótipo, da textura do cabelo. Essa questão, aparentemente esvaziada de sentido, tem muito a nos dizer sobre a essência da reprodução e permanência do racismo estrutural/institucional vinculado ao colonialismo e ao poder da branquitude.

> O cabelo, um dos sinais diacríticos que faz parte da diversidade do gênero humano, foi capturado pela cultura e, a partir daí, passou a receber diferentes significados e sentidos diversos. No contexto da África pré-colonial, ele era visto pelas diversas etnias como símbolo de status, de realeza e de poder. No contexto da invasão colonial e da escravidão, passa a ser visto como marca de inferioridade racial, como uma entre as muitas justificativas para se manter o racismo e o mito da inferioridade do negro. [...] O cabelo do negro pode ser visto como símbolo de beleza e, incoerentemente, de inferioridade racial. As tensões e os desencontros entre essas representações refletem a presença de relações sociais autoritárias, hierárquicas e conflituosas entre negros e brancos ao longo da História. (Gomes, 2008, p. 330)

Na etapa final da atividade em grupo, os profissionais afirmam reiteradas vezes que o racismo existe, mas quando solicitamos que eles definissem o termo, a questão ficou confusa, explicitando a dificuldade de manejo com o assunto.

> *Ahn? (O1.5). É sobre a cor... sobre a cor. O que eu entendo, vem do cabelo, cor, varia [risos] porque tem cabelo que é mais crespo, mais encaracolado, mais liso. (O1.6). Aí tem aquelas pessoas que falam do cabelo duro... (O1.5). Cabelo duro é isso. (O1.6). Com a aparência. Com a cor, com a aparência e com o cabelo. (O1.5).*

> *Racismo para mim é assim... Uma pessoa negra vai para a escola, ele fica no meio de outras pessoas mais claras e aí fala, olha aquela neguinha do cabelo duro, eu acho que isso é um racismo. [...] Cabelo duro, às vezes tem uma briga, está vendo aquela negrinha do cabelo duro, tinha que ser negra. [...] Na minha família, meu pai é NEGROOOO! Do cabelo duro [...] meu pai é muito negro, cabelo duro mesmo. (F2.1).*

Se o cabelo em sua variabilidade, na ótica racista, é sinônimo de estigma em relação à população negra, há uma tendência dos profissionais em resolver a questão pela modificação da aparência, "melhorando a textura", o aspecto, principalmente das meninas ou indicando o corte muito curto e/ou careca para os meninos. Essa ação traz embutida uma ideia de assepsia, de higiene, que pode melhorar sua aceitação. Aqui reside um problema basilar, pois não há previsão de orçamento para as mudanças inadequadas, mas tão "desejadas" e novamente o impacto recai sobre crianças e adolescentes, que dependem do assistencialismo e da disponibilidade de voluntários.

> *Não, às vezes é próprio nosso mesmo ou doação de alguém. (B2.1). [...] Nesta parte não tem isso de "ah, porque sou negra" [...] um salão para se identificar, um lugar para cortar o cabelo, para deixar eles bem para cima. (O2.4). Os meninos cortam o cabelo em uma escola de cabeleireiro e são muito bem tratados. (O2.5). [...] Eles fazem luzes, penteado, risquinho no cabelo, o que eles quiserem [...]. (O2.4).*

Em se tratando de um cabelo crespo, o cuidado se configura como um calvário e a incompatibilidade do tipo de cabelo com o tratamento proposto por "entendidos" no assunto, via de regra, é desastroso e recai sobre a adolescente o ônus da imposição de um padrão de beleza, quer de modo implícito, quer explícito.

> *[...] Quando ela veio estava de tranças, lindas, pretas. Aí um belo dia, eu fui acordar ela, ela não queria descobrir a cabeça. Eu fui puxar a coberta e... "não tia, não puxa, não, que eu estou descabelada". Eu falei, "como assim? Cadê as tranças?". "Eu tirei, eu vou fazer progressiva". Eu falei "para que você vai fazer isso, eu queria ter um cabelo igual ao seu, que eu nunca na minha vida ia querer cortar". [...] Ela foi fazer, só que como ela tem muito cabelo, não fez de uma vez, aí colocou a touca, aí foi a segunda vez e touca. Agora ela vive de touca. [...] As [outras] meninas vão direto fazer escova, elas não pagam. (O1.5). Eu acho que na parte das tranças... assim, cobraria um valor. (O1.6).*

A manutenção de tratamentos químicos em cabelos crespos pressupõe ter verba para compra dos produtos de beleza, assim como a renovação das tranças também exige compra de materiais (como a linha de crochê, a lã, o jumbo, o kanekalon, entre outros). O que faz supor que nos serviços os cuidados de beleza são restritos assim como a possibilidade de um trabalho realizado por profissionais voluntários. A equipe tem noção dessa barreira e encontramos ações que merecem ser valorizadas em um dos Saicas pesquisados:

Aqui eu tenho visto que é bastante respeitado. Até mostra, senta, olha, vamos ver como que é mesmo, aqueles penteados. Vai vir uma cabeleireira especializada em cabelo afro a semana que vem, para trazer as tendências, o que está se fazendo agora. (A2.1).

Contudo, se na aparência do fenômeno o preconceito pode ser superado por cuidados de beleza, isto não significa a eliminação do racismo: *"Eu acho que ela é muito traumatizada, só vive com touca no cabelo, quando prancha o cabelo, também não fica bom"* (O2.3).

Ao debater o fenótipo e como ele se expressa a partir do padrão de beleza branco, não podemos descartar a importância do debate sobre cabelos, tranças, *dreadlocks*, alongamentos, escovas progressivas, entre outras formas de cuidado com a aparência, porque esses momentos permitem que se pense sobre a existência do outro e sobre o quanto a problematização do racismo estrutural/institucional flui com mais facilidade nos grupos focais a partir do debate sobre a estética negra. Aspectos que são aprofundados na pesquisa realizada em salões étnicos na cidade de Belo Horizonte-MG por Gomes (2008) e remetem a busca pela afirmação da identidade da população negra e o reconhecimento positivo da herança africana. Portanto, é preciso demarcar o quanto a luta contra o racismo para uma parcela considerável da população negra está associada ao processo de transição capilar, superando o padrão de beleza branco/europeu.

Esse processo não resulta somente em introjeção do racismo e do mito da inferioridade pelo negro e pela negra. Contraditoriamente, ele os impulsiona a diferentes tipos de reação, expressos na ressignificação do cabelo crespo, transformando-o em símbolo de afirmação racial e estética. (Gomes, 2008, p. 330)

Quando o assunto é o controle dos corpos, algumas práticas se reproduzem de modo semelhante nas duas instituições pesquisadas. Um problema recorrente na infância é a pediculose, e a forma como os serviços tratam a questão é emblemática. Em nome do cuidado, se utiliza a administração de medicamentos de maneira sistemática para tratar de um problema muito recorrente na primeira infância, a infestação dos cabelos por um parasita bem conhecido, o piolho.

Aqui, a reprodução de práticas presentes no cotidiano, de receitas caseiras, cuja eficácia é duvidosa, se impõe com um risco ainda maior, pois se a infestação de piolhos em criança é um problema mundial, que independe dos hábitos de higiene ou de classe social, nos serviços de acolhimento institucional a presença do parasita em uma cabeça pode significar a contaminação da maioria das crianças e adolescentes. O medo se instala e provoca uma reação coletiva de "prevenção", inclusive com o uso indiscriminado de um medicamento via oral, que tem efeitos colaterais e deve ser utilizado com precaução.

Aqui. Sou expert em piolho. A gente compra o remédio, é um período de seis meses que o remédio faz efeito, mas quando eles chegam [momento da entrada no Saica] eu uso álcool gel no cabelo deles, porque o álcool gel além de matar, faz a lêndea inchar e com o pente fino sai tudo, em dois dias não tem mais nada. Álcool gel, pente fino e medicação de seis em seis meses. (O2.4) Tem umas que chegam, MEU DEUS DO CÉU! (F1.1). E qual é o caminho? (P). É passar mesmo o pente fino. (O1.6). É passar bastante pente fino. (O1.5).

Se o controle da pediculose requer, na opinião geral, o uso de pente fino e medicamento via oral, como fazer para pentear e remover as lêndeas quando o cabelo é mais crespo?

Passa um creme (O1.5). Taca amaciante [de roupas]... [risos], vinagre. (F1.1). — Amaciante de roupa? E quem faz isso? (P).

Nós, ela principalmente [uma das orientadoras]. (O1.5). Primeiro a gente pesquisa para ver se não pode ocorrer uma reação. (O1.6). Ontem eu pesquisei e diz que até coca-cola quente. (F1.1).

A automedicação, enquanto uma prática recorrente no país, se reproduz também nesse espaço e carece de um estudo aprofundado sobre o efeito que o uso do medicamento oral para pediculose de modo sistemático pode ter sobre o organismo dessas crianças e adolescentes. No artigo intitulado: "Pediculose: novas abordagens para uma antiga doença"[13], o médico doutor Tadeu Fernando Fernandes é categórico ao afirmar que "não existe um produto preventivo, não existe repelente, fórmulas caseiras podem até funcionar, mas os cuidados com as intoxicações se impõem". E apresenta como medida mais eficaz e segura a "penteação das lêndeas com pente bem fino e a catação dos piolhos realizada com meticuloso cuidado", práticas difíceis de serem realizadas no atual modelo de acolhimento institucional, onde sequer o pentear de cabelos é uma ação diária.

É porque eles são muitos, a gente não dá conta, vamos supor, hoje eu penteie o cabelo da Bia, fiz uma trança, ela [educadora] penteou de outro, já não dá tempo de eu fazer na outra. (O1.5). Dependendo da atividade do dia, não (O1.6).

Conforme dito anteriormente, os serviços não têm previsão de gastos com despesas referentes aos cuidados com o cabelo e apenas por esforço dos profissionais que pedem atendimento voluntário e gratuito nos salões de beleza e escola de cabeleireiros da região, as crianças e as adolescentes podem ser atendidas. Essa prática revestida claramente de um cunho assistencialista passa por alguns padrões do que é aceitável encontrar nas crianças "de abrigo". Vejamos:

[...] a criança estava com piolho, mas não é só criança de abrigo que tem piolho. A aluna [da escola de cabeleireiro] já estava com tudo preparado e o professor

---

13. Cf. http://www.spsp.org.br/2011/09/29/pediculose_novas_abordagens_para_uma_antiga_doenca/. Acesso em: 15 jan. 2018.

viu [os piolhos] e mandou a menina sair da cadeira. Ah, eu só não fiz um escândalo lá, porque eu não podia fazer isso na frente das outras crianças. Eu só falei "ela não vai sair da cadeira". Ele não... daquele jeito meio afeminado... nada contra, mas eles gostam de showzinho... puxei ele de lado e rasguei o verbo nele, como ela tem, outras crianças podem ter. Podia o senhor chamar, falar, pedir para olhar em casa a cabeça dela. Do jeito que você fez, deixou a criança com vergonha, expôs ela. (O2.1)

Para recriminar uma ação violenta muitas vezes outras violências são reafirmadas. Defender a criança agredindo o profissional expressa novamente um elemento que conforma todo e qualquer tipo de preconceito. O preconceito pressupõe a existência de alguém que é superior em relação a outro que é inferior. A luta antirracista pressupõe a luta contra todas as formas de opressão. O cotidiano é lugar de reprodução dos preconceitos, o que requer um esforço permanente de reflexão e debate acerca dos impactos danosos do racismo, do machismo, do sexismo, da misoginia, do fascismo, da transfobia, da lesbofobia, da homofobia, da bifobia, entre outras formas de intolerância, entraves na luta pela emancipação humana.

Se a definição do racismo se restringe à existência de características externas e não à construção de padrões hierárquicos pelo grupo branco a partir das diferenças étnico-raciais, os xingamentos aparecem como mera reprodução, desprovidos de intencionalidade. Sendo assim, a análise não ultrapassa o dado aparente.

Eu com a minha irmã é normal, porque irmã quando briga xinga de tudo que é nome, "macaquinha"... Quem tem irmão sabe [...] até na época de adolescente mesmo, é normal xingar. (O2.3). [...] Como ela mesmo falou "Ah, vai, sua macaca!", a pessoa se ofende e acha que é um racismo. (O2.3).

Há uma naturalização de termos pejorativos quando estes são utilizados em relações sociais privadas, familiares, onde há uma certa "autorização" quanto à depreciação do outro. Este só deve se ofender se o termo vier da boca de uma pessoa estranha.

RACISMO NA INFÂNCIA

149

[...] Há o xingamento, um exemplo: macaca preta, aí é um racismo, se você não conhece a pessoa, é claro que é um preconceito, mas no momento que você conhece, depende. [...] Eles podem me xingar, agora outras pessoas não, entendeu? [...]. (O2.3).

Tais interpretações aparecem também no ambiente de Saica, assim, seja em casa, seja na instituição, a tendência é não aprofundar o debate acerca da origem do racismo, o que traria benefícios a todos os envolvidos.

A gente conversou bastante aqui é o fato da fala do macaco, só que o que xingava o outro de macaco também era da mesma cor e o mesmo tipo de cabelo. *[...] Para a gente falar mal de alguém, a gente precisa se olhar. Então a gente trabalha muito a coisa do espelho [...]. E quando começou a fala do macaco pra cá, macaco pra lá [...] 'se olha no espelho, vê se você pode chamar outra pessoa desse nome, mas dá uma olhadinha no espelho', porque essa fala só veio desses dois adolescentes e aí acabou, não teve mais. (O2.4).*

[...] é macaco, preto, pega banana, dando a casca. A gente está num trabalho ferrenho para conscientizar eles. E engraçado que lá o quadro, a grande maioria dos funcionários são negros e mesmo assim eles não se intimidam. (O1.1).

Diariamente, aqui mesmo. Entre as crianças, elas são muito racistas, porque tem uns que é negrinho, outros são mais clarinhos. Então diariamente, seu negrinho, bombril, cabelo duro, microfone. *Microfone, então diariamente. [...] Quando é com outra raça não é racismo, é* bullying[14]*, parece que só é*

---

14. O conceito de *Bullying* é diferente do conceito de racismo moderno, ainda que a conduta de intimidação sistemática *(bullying)* seja caracterizada como "todo ato de violência física ou psicológica, intencional e repetitivo que ocorre sem motivação evidente, praticado por indivíduo ou grupo, contra uma ou mais pessoas, com o objetivo de intimidá-la ou agredi-la, causando dor e angústia à vítima, em uma relação de desequilíbrio de poder entre as partes envolvidas", conforme artigo 2º da Lei n. 13.185/2015, que institui o Programa de Combate à Intimidação Sistemática. Trata-se de uma ação perversa, que também tem consequências desastrosas na vida das pessoas e que precisa ser combatida de maneira contundente em todos os espaços da vida cotidiana. O racismo moderno, por sua vez, se reproduz para além da prática individual ou do grupo, estrutura as relações sociais, se expressa nas ações político-programáticas e nas relações interpessoais, a partir do momento em que o grupo, cuja origem comum é o continente

*racismo quando é... [...] do outro lado, **se chegou uma criança pretinha:
"Ah!! Que gracinha", como se fosse coisa de outro mundo,** a criança
também fica assim: "ai, o que será que tem de diferente em mim que é tão...?",
vai pro lado contrário, não para o afastamento e rejeição, os outros é que se
sentem inferiorizados porque [...] não tem aquela mesma característica [...] fica
supervalorizando* aquele que era pra ser discriminado, mas não é, *é o que
eu tenho percebido e aí acho que é ruim do mesmo jeito. (A2.1).*

Ao se deparar com a complexidade das relações étnico-raciais, os
participantes passam a expressar todas as contradições presentes na
formação da sociedade brasileira e a negação do racismo passa pela
sua própria existência.

Crianças... É adolescente que é negro, mas não aceita a própria cor. (O1.6)

*O racismo está no geral [...] a pessoa mesma que faz o racismo. [...] o racismo
não existe. (O1.7)*

*Para mim é tudo, cor, raça, sexo, de ambas as partes [brancos e negros]. Ra-
cismo existe. (F1.1).*

Se partimos da falsa premissa de que racismo atinge brancos e
negros, então, qual a concepção acerca dos termos e qual o significado
de se nomear alguém como branco ou como negro?

*Que ela é branquela! (F1.1) Branco é... branca é uma pessoa normal, uma
pessoa, mas precisa ver como ela vai aceitar. (O1.5).*

*Estou dizendo que ele é negro, macaco, preto, [riso]. Então, é isso que eu não
entendo... (F1.1).*

E por fim, mas longe de esgotar as interfaces entre acolhimento
institucional e racismo institucional, interessa-nos saber como as

---

europeu, se autodeclara branco e atribui ao termo valores positivos, que lhe outorga uma dada
superioridade. Toda superioridade pressupõe uma dada inferioridade e esse grupo atribui aos
outros, não brancos, valores negativos, que culmina com a construção da inferioridade.

RACISMO NA INFÂNCIA 151

crianças e adolescentes negras/negros têm suas necessidades individuais efetivadas, no sentido de promover a autoestima. A equipe utilizou os aspectos relativos à religião para explicar esse ponto polêmico.

> *Esse é o trabalho a ser feito [...] Se o serviço trabalha para esse... fortalecimento. [...] Seria o ideal. [...] Não, não trabalha. Não, não. (O1.3). [...] Todos nós sabemos que tem alguns tipos de religiões negras que são totalmente... [discriminadas e se você disser] isso, é linda! Fala isso, fala isso. Eu já tive um caso assim. Tinha uma criança que frequentava um centro de candomblé [...]. Ela tinha essa cultura. E foi repreendido com essas palavras pelos demais profissionais. Então o que prega dentro do abrigo, em sua grande maioria? [...] Religião cristã, católica ou então protestante, e branca. Se a criança chegar com esse empoderamento que você está dizendo, ela vai ser "mala". (O1.1).*

A defesa de que as instituições que prestam serviços públicos devem ser laicas está muito longe do debate no âmbito da Assistência Social, no município de São Paulo, cuja execução da política está a cargo de instituições com uma longa tradição religiosa. "*E aí tem uma questão nos serviços de acolhimento, tem uma coisa que é histórica, que é quem são as instituições que acolhem. A gente está aqui neste momento num serviço de acolhimento de uma instituição que é católica*". (B1.1).

E a reprodução da religião católica como religião universal aparece sutilmente na fala de uma das orientadoras socioeducativas:

> *E a gente leva, se ela quiser ir. Qualquer religião. (O2.3). A gente leva. (O2.2). Tinha um adolescente que tinha curiosidade de religiões de matriz africana, o Paulo, lembra? Ai, falei o nome dele!!! [arrependimento]. Ele pediu e foi levado, escolheu um tio do noturno e foi levado. E* as crianças vão para a igreja *dia de domingo. (O2.3).*

No processo de colonização das Américas e de violência ininterrupta em relação às etnias ao longo de todo o período escravagista, as formas de culto religioso experimentaram um renascimento, em um imprescindível processo de restabelecimento das relações com o cosmos, devido ao deslocamento forçado, com a incorporação de "novas entidades pelo indivíduo que perdeu seus laços com as divindades territoriais anteriores". (Serrano *et al.*, 2010, p. 142) Assim, essas religiões são denominadas como de matriz africana porque mantiveram a base teológica das religiões tradicionais africanas. E ao manter as conexões com as religiões tradicionais africanas serão perseguidas no Brasil e atacadas por seu caráter "primitivo" quando comparadas com as doutrinas postas pelo cristianismo. Contudo, Moura (1994) chama a atenção para o fato de que as práticas religiosas dos povos africanos no Brasil se constituíram como elementos de resistência ideológica e social frente às opressões desencadeadas pelos colonizadores e referendadas pelo cristianismo, como um importante aparelho ideológico de dominação.

A laicidade das ações se configura como um direito humano, à medida que o cerceamento do direito às práticas religiosas de matriz africana reforça a ideia de inferioridade negra e valida atos violentos em nome da fé verdadeira, entendida como sinônimo de cristianismo. Imediatamente, há que se garantir o acesso a informações que desmistifiquem os elementos sociais, econômicos, políticos, culturais e religiosos, que compõem as diversas etnias negras africanas, seus territórios, sua religiosidade, suas tradições e a influência desses grupos no âmbito da formação da sociedade brasileira. Esses aspectos foram, até recentemente, distorcidos pela ideologia racista e eurocêntrica, que fortaleceu os estereótipos e preconceitos em relação às etnias negras no Brasil. As narrativas históricas que buscam valorizar a presença negra e indígena ganham um impulso importante com a Lei n. 10.639/2003, que altera a Lei de Diretrizes e Bases da Educação e torna obrigatório, nas redes pública e privada de ensino de nível fundamental e médio, o estudo da história da África e dos povos africanos, bem como a contribuição dos povos negros para a formação da sociedade brasileira e para a História do Brasil; e a Lei n. 11.645/2008, que torna obrigatório o estudo da história e cultura indígena e afro-brasileira nos estabelecimentos de ensino fundamental e médio, porém não prevê a sua obrigatoriedade nos estabelecimentos de ensino superior para os cursos de formação de professores.

Considerações finais

O processo de elaboração da tese que deu origem a esta obra foi marcado por inúmeros questionamentos, pela quebra de vários paradigmas em tempos tão difíceis da história da humanidade, em que o racismo se reinventa de maneira ainda mais violenta, em que a xenofobia, o reacionarismo, o retrocesso dos direitos sociais — decorrentes da hegemonia do capital em sua fase de crise estrutural com ataques brutais à classe trabalhadora —, impactam sobremaneira a população negra, que é a mais explorada, oprimida e discriminada. A sociedade brasileira erigida sobre valores que privilegiam a classe dominante, eurocêntrica, tem uma dívida histórica com essa importante parcela da classe trabalhadora, que é negra, que sofre com o silenciamento acerca das suas dores, com a negação de seus direitos e com as péssimas condições de vida em suas múltiplas dimensões. No Brasil, e em diversos outros países, a violência racial continua a ceifar vidas negras e a exigir que mulheres e homens, negras e negros, não descansem um só minuto porque se manter vivas e vivos é um ato de resistência.

Agradeço a generosidade de todos os profissionais que participaram, de maneira direta ou indireta, desta jornada que está longe de terminar porque a luta antirracista precisa ocorrer na vida cotidiana, de maneira constante e sem tréguas. O trabalho profissional no Saica expressa o enraizamento dos valores postos pela branquitude e a naturalização do racismo estrutural/institucional, ao mesmo tempo em que as reflexões teóricas, densas e bem posicionadas provocam inquietações e apontam a urgência das mudanças verbalizadas pelas equipes. Os níveis de precarização e de desqualificação do trabalho realizado, majoritariamente, com crianças e adolescentes oriundos da classe trabalhadora, pobre e negra, revelam o quanto investir nessa área não é tido como prioritário, porque, no limite, essas vidas não importam para este Estado genocida. A ideologia racial perpassa o cotidiano institucional e precisa ser apreendida na fala das(os) profissionais como reprodução automatizada de práticas que, de tão naturalizadas, são aparentemente inofensivas. É preciso coibir toda e qualquer prática discriminatória e propor alternativas para que tais situações sejam eliminadas do cotidiano institucional e que os profissionais participem desse processo como aliados na luta antirracista. Na mesma medida, práticas racistas precisam ser tratadas com o necessário rigor. Racismo no Brasil é crime.

Considero fundamental reafirmar, a esta altura, que todas as crianças e adolescentes gozam dos direitos fundamentais à vida, à saúde, à alimentação, à educação, ao esporte, ao lazer, à profissionalização, à cultura, à dignidade, ao respeito, à liberdade e à convivência familiar e comunitária. Para a efetivação desses direitos criam-se, de tempos em tempos, novas regras, que ora modificam, ora ampliam o Estatuto da Criança e do Adolescente promulgado na década de 1990. Chama a atenção o fato de que tais mudanças só ocorrem em regime de urgência quando são motivadas por uma situação concreta, vivenciada por uma criança ou adolescente e que provoca comoção geral da sociedade, como no caso da Lei n. 13.010/2014, mais conhecida como "Lei Menino Bernardo", que proíbe o uso de castigo físico ou de tratamento cruel ou degradante na educação de crianças e adolescentes. Em se tratando de crianças e adolescentes negros e pobres, que cotidianamente são vítimas da violência do Estado, seja via ação policial, seja via membros da sociedade incomodados com a presença dos "menores" em determinados lugares, seja via institucionalização, as ações truculentas são entendidas como medidas corretivas e aplicadas com intuito de garantir a "paz social".

A Chacina da Candelária, na cidade do Rio de Janeiro em 2003, a chacina da Baixada Fluminense, em 2005, os crimes de Maio de 2006 no estado de São Paulo e os movimentos de resistência protagonizados pelas mulheres negras e periféricas diante do assassinato da juventude negra escancaram os horrores de uma prática social que continua a exterminar a população negra e cuja ação estratégica sobre a infância e juventude tem como resultado o contínuo esfacelamento das famílias negras.

Há um constante tensionamento protagonizado pela população negra na luta para obter acesso aos direitos sociais negados pela

RACISMO NA INFÂNCIA

classe dominante, que se contrapõem à distribuição igualitária da renda, o que implicaria na perda de seus privilégios. O confronto é uma ameaça constante e a forma encontrada para desqualificar o debate acerca da desigualdade étnico-racial é o reforço do *mito da nação superior via democracia racial,* que assegura a harmonia entre os grupos étnico-raciais, terreno em que o racismo encontra solo fértil para germinar.

A noção de democracia racial permanece distorcida e segue a um padrão presente, inclusive, no período escravocrata, em que o acolhimento dos filhos "bastardos" pelos seus senhores, quando estes nasciam com a cor da pele mais clara, era prática comum. Na realidade atual, defender a democracia racial pressupõe resgatar os "recuperáveis", os pardos, do lamaçal em que historicamente se convencionou determinar como local da população negra e tornar não negros, aqueles que podem ilusoriamente fugir deste lugar. O fenótipo é um aliado que pode ser aprimorado nas sucessivas aproximações entre os grupos, ou seja, quanto mais clara a pigmentação da pele, mais "democraticamente" a pessoa será tratada, reatualizando a estratégia do embranquecimento. De modo deturpado, é como se a democracia racial autorizasse tratamentos desiguais entre os não brancos segundo uma gradação de cores em que quanto mais próximo do branco, maior a possibilidade de acesso, e quanto mais distante, maior a possibilidade de sofrer discriminação.

Se o cotidiano é lugar de reprodução de práticas irrefletidas e carregadas de ideologia, os serviços de acolhimento institucional também incorporam essas práticas e reproduzem o racismo institucional, sem grandes constrangimentos, porque representam o Estado que se colocou no eminente papel de guardião da infância e da adolescência "pobres". O público-alvo dos serviços de acolhimento institucional tem história, tem classe social e tem raça/cor, de modo que a tarefa prioritária é fazer emergir essa história, para que se possa conhecer a essência do fenômeno de acolhimento como mais uma manobra do capitalismo de controle sobre a classe trabalhadora. O silêncio ou as lacunas deixadas por práticas indiferenciadas favorecem a criação de fantasias acerca do porquê crianças e adolescentes permanecem ali, bem como a revolta e a transferência de culpa para as famílias, concebidas como incapazes de proteger, amar e cuidar. Em um país marcado pela alta concentração de renda nas mãos de uma parcela minoritária da sociedade e cuja redistribuição, via serviços e políticas públicas, é vexatória, torna-se fácil entender por que os serviços de acolhimento têm esse perfil.

Por detrás dos muros das instituições de acolhimento pesquisadas, as situações graves de racismo foram identificadas em pouco tempo de intervenção, o que pode significar uma abertura para que um trabalho amplo seja realizado e outras situações apreendidas e encaminhadas, no sentido de modificar esse espaço, sem perder de vista que nosso entendimento é de que tais instituições violam, em certa medida, direitos humanos fundamentais de crianças e adolescentes. Portanto, a redução dos danos causados pelo acolhimento institucional pressupõe a adoção de medidas que protejam as(os) acolhidas(os) em suas dores, do abandono afetivo promovido pelo Estado, bem como capacitar tecnicamente os profissionais para oferecer às crianças e adolescentes afeto, aconchego e segurança física e emocional no decurso de um processo que é, invariavelmente, traumático.

Para além da análise individual, o que as situações pesquisadas revelaram é um cotidiano conturbado, em que crianças e adolescentes de lares distintos, uns com histórico de diversos acolhimentos, outros acolhidos longe dos irmãos, são submetidos ao convívio coletivo, com parcas possibilidades de apreender a particularidade de sua vida e o motivo da institucionalização. Revelam também uma ação deliberada do Estado, que não efetiva aquilo que se avaliou como importante na elaboração do Estatuto da Criança e do Adolescente, o acolhimento institucional como medida de proteção, que melhor atenda aos interesses desse grupo geracional, somente quando todas as outras possibilidades de manutenção da convivência familiar e comunitária falharam. Não é admissível que crianças e adolescentes privados do convívio familiar, ainda que com o intuito de proteger sua integridade física e psicológica, sejam tratados como massa homogênea e sofram atos preconceituosos e discriminatórios em virtude de compor o grupo étnico-racial nomeado como negro.

A participação exclusiva das mulheres negras no sustento da família não deve ser entendida como dádiva, sinônimo de superpoderes, mas como uma entre tantas expressões do racismo, que mantém a pobreza geracional, os altos índices de analfabetismo, a maior exposição à violência doméstica, a permanência em atividades laborais desqualificadas e mal remuneradas, bem como potencializa a exposição de crianças e adolescentes à violência urbana, ao trabalho infantil e a situações de fragilização dos vínculos familiares.

Portanto, em se tratando da mulher negra, além da dimensão de gênero, é preciso descortinar a questão étnico-racial, pois entendemos que o conhecimento e a análise crítica acerca das violações que a sociedade racista comete pode lançar luz ao complexo fenômeno de acolhimento de crianças e adolescentes negros e negras e as estratégias de fortalecimento das famílias negras na atualidade.

Conhecer as determinações sócio-históricas que atravessam o cotidiano das famílias negras pode ser uma das chaves de análise da institucionalização de crianças negras no Brasil, pois se a formação da família é historicamente determinada, pode-se afirmar que ela se expressa de modo diverso, conforme sua inserção de classe, sua herança familiar, seu local de nascimento.

Cada grupo familiar, portanto, encerra em si uma totalidade e a forma como ele se relaciona com outros grupos familiares, com a comunidade, com a sociedade e com o Poder Público; a capacidade do núcleo familiar extenso proteger seus membros; a maior ou menor possibilidade de acesso ao mercado de trabalho; o atendimento, por parte do Estado, das demandas de crianças e adolescentes relativas à creche, pré-escola, ensino fundamental, médio e superior, em instituições de qualidade podem ser elementos protetores de seus integrantes contra situações de riscos sociais.

É tarefa do Estado, por meio das políticas sociais, subsidiar a família, para que esta seja capaz de exercer o cuidado para com seus filhos, o que no cenário atual de retirada de direitos, de aprovação da Reforma Trabalhista e da Reforma da Previdência, se revela algo ainda mais desafiador. Há entre os profissionais um discurso de que a instituição é democrática, do ponto de vista étnico-racial e que ali práticas preconceituosas e discriminatórios não entram, a exemplo do slogan que, de tempos em tempos, aparece nos estádios de futebol em dias de jogos clássicos: "deixe o racismo fora do estádio", ainda que o cotidiano lá e cá revele o contrário.

O debate sobre questão étnico-racial, a aplicação do quesito raça/cor e as condições de vida da população negra em todos os grupos se configurou como um momento de flagrante constrangimento, aparentemente motivado pela ideia de que pensar sobre a raça é discriminar o outro. A não identificação do outro enquanto preto ou pardo surge como um ato de solidariedade, de fortalecimento do mito da democracia racial.

Nosso entendimento contraria essa ideia e não deixa margem a dúvidas quando o assunto é a coleta do quesito raça/cor como um indicador importante para se analisar a desigualdade social, na intrínseca relação entre raça e classe. A coleta do dado, porém, não pode ser entendida como uma mera exigência protocolar; há que se discutir amplamente, em todas as políticas públicas, sobre os impactos do racismo institucional, sobre o desafio de, ao perguntar, perceber a existência do outro. E permitir que os profissionais revisitem suas práticas cotidianas e apreendam o quanto tais ações concorrem para a reprodução de estereótipos, preconceitos e discriminações. Quanto mais conservadora a visão institucional, mais os trabalhadores tendem a reproduzir o conservadorismo na ação cotidiana e, neste contexto, a qualificação dos dados também sofre tais interferências.

Ao mergulhar no complexo processo de acolhimento institucional, por detrás da aparência de um lugar seguro, com teto, cama quentinha e cinco refeições diárias — fato que os profissionais, via de regra, apresentam como o grande diferencial e sinônimo de acolhimento —, o que se revela é uma instituição projetada para enquadrar essas crianças e adolescentes e reforçar, além do não lugar, a degeneração de suas famílias. Dizer que a família está "degenerada" e usar essa informação como justificativa para o acolhimento é lançar mão de juízos de valor conservadores em relação ao modo de ser das famílias e defender a primazia do Estado em cuidar de seus(suas) filhos(as), reatualizando o famigerado Código de Menores. Entretanto, essa criança ou adolescente existe em relação à família, essa família a constitui, por isso a conta não fecha. Famílias continuam sendo abandonadas e os seus, institucionalizados.

Por outro lado, há um discurso contraditório que faz do Saica um lugar onde os sentimentos, as sensações precisam ser reorganizadas, onde o estabelecimento de vínculos precisa estar bem posicionado, a ponto de dar a segurança que a criança ou adolescente necessita, mas que também possibilite a superação daquela condição que se pretende temporária. Com frequência, os profissionais ressaltam a importância de um atendimento distanciado, em que pessoal e profissional não se confundam. Como explicar, então, o tratamento por "tio" ou "tia", que imediatamente remete a alguém muito familiar e ao mesmo tempo fazer com que eles entendam que esses traços são usados para garantir a impessoalidade? Até mesmo entre os profissionais há um tratamento indiferenciado do tipo "lembra, tia", "foi o tio do noturno que levou".

A complexidade dos dilemas vividos nesse espaço é analisada, em geral, apenas de uma perspectiva singular. Por vezes, o trabalho profissional se confunde com os dilemas particulares, inclusive em relação à violência racial, com poucos espaços de escuta para as dores compartilhadas entre equipe técnica e as crianças e adolescentes. Em outras situações, orientadoras(es) socioeducativas(os) assumem o papel de conselheiras(os) e novamente é preciso atenção para ser a mão que apoia, sem usar como referência seus valores, suas experiências pessoais ou reforçar a necessidade de reproduzir um padrão de comportamento idealizado.

O caráter classista das ações estatais em relação à infância e adolescência faz com que as questões familiares, envolvendo a população com baixo poder aquisitivo, sejam deliberadas no âmbito jurídico, a quem se confere o direito de determinar quais famílias devem ou não perder o poder familiar, com viés conservador.

Os relatos dos profissionais explicitaram a complexidade do fenômeno da institucionalização de crianças e adolescentes no Brasil. Fenômeno grave, utilizado como medida de contenção da população negra, com impactos no grupo familiar, sem, contudo, alterar a realidade da pobreza que, no interior desse grupo, é geracional e fruto do modo como as relações sociais se estabelecem no mundo capitalista. A família contemporânea não está descolada desse processo, uma vez que a luta de classes antecede a constituição das famílias e esta é responsável pela formação dos sujeitos, pela reprodução de valores morais, pela atribuição de sentido e significados à existência e, ao mesmo tempo, espaço onde podem se construir nichos de resistência.

Pensar em acolhimento institucional de crianças e adolescentes, em uma perspectiva crítica, significa desvendar seus grupos familiares, em sua dimensão particular e universal. Faz-se necessário refletir sobre os estereótipos presentes na trama das relações sociais que rebatem no modo de ser das famílias e na sua capacidade protetiva, a partir da concepção da classe dominante, cuja imposição das ideias ao conjunto da sociedade é eficaz, se autonomiza na dinâmica social e é reproduzida de maneira reiterada pela própria classe trabalhadora.

Os profissionais que participaram da pesquisa são capazes de retratar com profunda sensibilidade as mazelas que permeiam a vida das famílias, cujos filhos estão acolhidos. O cenário reforça algo que diversos pesquisadores e estudiosos da área da infância já denunciaram, ou seja, a instituição de acolhimento como lugar para crianças/adolescentes afetados pela pobreza e pela violência doméstica, nas suas diversas modalidades.

São as famílias da classe trabalhadora, com capacidade reduzida de acesso a renda mínima, que têm as casas invadidas pelo Estado e os filhos subtraídos, sem que a raiz das múltiplas violências seja analisada e coibida. Quanto maior a pobreza, maiores as chances de a intimidade ser violada, em parte porque as condições precárias das habitações não permitem privacidade, em parte porque a solução dos conflitos são tratadas no âmbito da rede pública, diferente do que ocorre com as famílias com maior poder aquisitivo.

RACISMO NA INFÂNCIA
161

Por tudo que foi exposto ao longo do trabalho, há que se falar do racismo que atinge a infância e adolescência e de como ele se reproduz no âmbito do Saica. Isto porque, no caso de instituições em que pessoas estão submetidas incessantemente ao controle e poder dos trabalhadores e gestores das diversas instâncias, se estabelece uma relação que invade a intimidade, em que cada criança e adolescente segue sendo vigiado e em que as práticas racistas são ainda mais danosas, uma vez que não há um lugar próprio, privado, onde se possa buscar socorro e orientação.

Em outros termos, quando crianças e adolescentes são privados do contato com suas histórias, suas referências familiares e as contradições que as atravessam e têm seu contato com o mundo mediado por uma instituição que é racista, as práticas de cuidado expressam, além do racismo na dimensão institucional, outro tipo de prática individual e consciente, que tem, sim, como intencionalidade ferir o outro na sua constituição humana. Além do racismo institucional, identificamos práticas racistas individuais, cujos agentes têm consciência da dor que elas provocam.

As marcas e rupturas provocadas pelo racismo no Brasil precisam ser analisadas no interior da luta de classes, no processo contraditório de sociabilidade. As marcas são visíveis, remetem à dor da escravidão, mas, além disso, a violência étnico-racial tem sua função reformulada e continua a se reproduzir de maneira automatizada, como na expressão que utilizamos cotidianamente para dizer a alguém que está encrencado: "você está ferrado! ". Expressão que remete ao hábito perverso de marcar a população negra escravizada com ferro em brasa.

Quer seja no âmbito do capitalismo mundial, cujas dimensões são globais, quer na particularidade da vida brasileira, a democracia racial configura-se um mito, porque contraria aos interesses do modo de produção vigente. A essa realidade, somam-se as particularidades que compõem as relações étnico-raciais no país, indissociáveis da fragilidade da própria democracia brasileira. A primeira é absolutamente dependente da segunda e talvez essa seja a razão que mantém vivo o mito. A ação direta e contundente de homens e mulheres insatisfeitos com essa realidade provoca rupturas importantes que oxigenam os sonhos de um Brasil melhor. O combate ao racismo exige, na mesma medida, o combate à sociedade de classes, à desigualdade de gênero, bem como o respeito à livre orientação sexual, entre outras garantias individuais cotidianamente violadas.

Dito isto, cabe-nos asseverar que a luta segue em direção a uma sociedade em que os valores verdadeiramente igualitários, livres de qualquer forma de exploração, dominação ou opressão, não se configura como um mito, mas é uma possibilidade histórica, tarefa de homens e mulheres indistintamente comprometidos com a liberdade humana.

Finalizo este trabalho com a certeza de que a luta antirracista só avança à medida que entendamos a pluralidade da vida, quando somos perturbados pelos danos causados pela violência étnico-racial e nos comprometemos, quando abandonamos o discurso conservador da igualdade e nos dispomos a pensar a partir da diversidade humana. Neste sentido, se a humanidade é diversa, obviamente crianças e adolescentes também o são. O desafio está em promover a equidade em espaços que foram pensados para conter corpos e mentes.

Referências

ACOSTA, A. R.; VITALE, M. A. F. *Família: redes, laços e políticas públicas*. São Paulo: Cortez, 2007.

ALMEIDA, M. S. Desumanização da população negra: genocídio como princípio tácito do capitalismo. *Em Pauta,* Rio de Janeiro, 2°. semestre de 2014, v. 12, n. 34.

ALMEIDA, M. S. Pioneirismo da discussão étnico-racial no Serviço Social. Entrevista com Magali da Silva Almeida. *In: Revista Libertas*, R. Fac. Serv. Soc., Juiz de Fora, v. 13, n. 1, p. 231-239, jan./jun. 2013.

ALTOÉ, S. *Infâncias Perdidas:* o cotidiano nos internatos-prisão. Rio de Janeiro: Xenon Ed., 1990.

ALVES, C. *Os escravos*. Textos literários em meio eletrônico. Disponível em: www.literaturabrasileira.ufsc.br. Acesso em: 1 jun. 2017.

AMARO, S. A questão racial na Assistência Social: um debate emergente. Revista *Serviço Social & Sociedade* n. 81. São Paulo: Cortez, 2005.

AMMA — PSIQUE E NEGRITUDE QUILOMBHOJE. *Gostando mais de nós mesmos:* perguntas e respostas sobre a autoestima e questão racial. São Paulo: Gente, 1999.

AMMA — PSIQUE E NEGRITUDE QUILOMBHOJE. *Identificação e abordagem do racismo institucional*. Brasil, 2008.

ANTUNES, R. *Adeus ao trabalho?* Ensaios sobre as metamorfoses e a centralidade do mundo do trabalho. 3. ed. São Paulo: Cortez; Campinas: Editora Unicamp, 1995.

ARAÚJO, E. As gentes do Brasil. *In: Le Monde Diplomatique Brasil*. Ano 2. n. 16, nov. 2008.

ASSIS, M. *Pai contra mãe* (conto). Disponível em: www.dominiopublico.gov.br. Acesso em: 1 jun. 2017.

ASSIS, M. I. *Lembranças do vivido e do sentido*. Série Justiça e Desenvolvimento IFP-FCC. CARVALHO, Marilia Pinto de; PINTO, Regina Pahim (org.). *Mulheres e desigualdades de gênero*. São Paulo: Contexto, 2008.

AYRES, L. S. M. *Adoção:* de menor a criança, de criança a filho. Curitiba: Juruá, 2009.

AZEVEDO, E. Luiz Gama: a letra e a luta. *Revista História Viva* — Temas Brasileiros. Presença Negra, n. 3. São Paulo: Ediouro, 2006.

BARROCO, M. L. S. Direitos humanos ou emancipação humana? *In: Revista Inscrita*, n. 14. Brasília: Conselho Federal de Serviço Social, dezembro, 2013.

BARROCO, M. L. S. Barbárie e neoconservadorismo: os desafios do projeto ético-político. *In:* Revista *Serviço Social & Sociedade*, n. 106, São Paulo: Cortez, 2011.

BARROCO, M. L. S. A historicidade dos Direitos Humanos. *In:* FORTI, V.; GUERRA, Y. *Ética e Direitos*: Ensaios Críticos. Rio de Janeiro: Lumen Juris, 2009.

BARROCO, M. L. S. *Ética*: fundamentos sócio-históricos. São Paulo: Cortez, 2008.

BARROCO, M. L. S. *Ética e Serviço Social:* fundamentos ontológicos. 4. ed. São Paulo: Cortez, 2006.

BARROCO, M. L. S.; BRITES, M. C. Núcleo de Estudos e Pesquisa em Ética e Direitos Humanos. *In: Temporalis*, ano III, n. 5, jan.-jun. de 2002. Brasília: ABEPSS, 2002.

BASTIDE, R. *Brasil*: terra de contrastes. 6. ed. Trad. Maria Isaura Pereira Queiroz. São Paulo: Difel, 1975.

BERGER, W. (org.). No olho do furacão: populações indígenas, lutas sociais e Serviço Social em tempos de barbárie. Vitória: Milfontes, 2019.

BOAHEN, A. A. *História geral da África, VII*: África sob dominação colonial, 1880-1935. 2. ed. rev. Brasília: UNESCO, 2010.

BRASIL. Decreto n. 3.087, de 21 de junho de 1999. Promulga a Convenção Relativa à Proteção das Crianças e à Cooperação em Matéria de Adoção Internacional, concluída em Haia, em 29 de maio de 1993.

BRASIL. Plano Nacional de Promoção, Proteção e Defesa do Direito de Crianças e Adolescentes à Convivência Familiar e Comunitária. Brasília, DF, 2006.

BRASIL. Lei n. 8.069, de 13 de julho de 1990. Estatuto da Criança e do Adolescente (atualizado até 26/04/2017).

BRASIL. Lei n. 12.888, de 20 de julho de 2010. Estatuto da Igualdade Racial.

BRITES, C. M.; SALES, M. A. *Ética e práxis profissional.* Curso de capacitação ética para agentes multiplicadores. CFESS, Gestão 2002/2005. 2. ed. Brasília, 2007.

BRITO, F. Considerações sobre a regulação armada de territórios cariocas. *In:* BRITO, F.; OLIVEIRA, P. R. (org.). *Até o último homem;* visões cariocas da administração armada da vida social. São Paulo: Boitempo, 2013.

BRUSCHINI, C. Uma abordagem sociológica de família. *In: Revista Brasileira de Estudos da População.* São Paulo, v. 6, n. 1, p. 1-23, jan./jun. 1989.

CARNEIRO, S. *Enegrecendo o feminismo:* a situação da mulher negra na América Latina a partir da perspectiva de gênero. Disponível em: http://www.unifem. org.br/sites/700/710/00000690.pdf. Acesso em: 16 jul. 2015.

CARNEIRO, S. Estrelas com luz própria. *In: Revista História Viva* — Temas Brasileiros. Presença Negra, n. 3. São Paulo: Ediouro, 2006.

CASHMORE, E. *et al. Dicionário de relações étnicas e raciais.* Trad. Dinah Kleve. São Paulo: Selo Negro, 2000.

CHALHOUB, S. Exclusão e Cidadania. *Revista História Viva* — Temas Brasileiros. Presença Negra, n. 3. São Paulo: Ediouro, 2006.

CHAUI, M. *Brasil:* mito fundador e sociedade autoritária. São Paulo: Fundação Perseu Abramo, 2000.

CHIAVENATO, J. J. *As lutas do povo brasileiro:* do "descobrimento" a Canudos. São Paulo: Moderna, 1988.

CNAS/CONANDA. Orientações Técnicas: Serviços de Acolhimento para Crianças e Adolescentes. Brasília, jun. 2009. Disponível em: http://www.sdh.gov.br/ assuntos/criancas-e-adolescentes/programas/pdf/orientacoes-tecnicas.pdf. Acesso em: 2 abr. 2017.

CONFERÊNCIA MUNDIAL DE COMBATE AO RACISMO, DISCRIMINAÇÃO RACIAL, XENOFOBIA E INTOLERÂNCIA CORRELATA. III. Declaração e Programa de Ação adotados na Conferência de Durban. 31 de agosto a 8 de setembro de 2001, Durban, África do Sul. Disponível em: http://www.geledes.org.br.

CONVENÇÃO SOBRE OS DIREITOS DA CRIANÇA. Organização das Nações Unidas. 20/11/1989.

COSTA, E. V. *A Abolição*. 2. ed. São Paulo: Global, 1986.

COSTA, E. V. *A dialética invertida e outros ensaios*. São Paulo: Editora Unesp, 2014.

COSTA, E. V. *Brasil:* história, textos e contextos. São Paulo: Editora Unesp, 2015.

COSTA, E. V. *Da Monarquia a República*: momentos decisivos. 9. ed. São Paulo: Editora Unesp, 2010.

COSTA, E. V. *Da Senzala à Colônia*. 5. ed. São Paulo: Editora Unesp, 2010a.

COUTINHO, C. N. *O estruturalismo e a miséria da razão*. São Paulo: Expressão Popular, 2010.

CRESS-SP. CONSELHO REGIONAL DE SERVIÇO SOCIAL DO ESTADO DE SÃO PAULO, 9ª Região. *Legislação Brasileira para o Serviço Social*. São Paulo: O Conselho, 2007.

CUTI; FERNANDES, M. D. *Consciência Negra do Brasil:* os principais livros. Belo Horizonte: Mazza Edições, 2002.

DAVIS, A. *Mulheres, cultura e política*. Trad. Heci Regina Candiani. São Paulo: Boitempo, 2017.

DAVIS, A. *Mulheres, raça e classe*. Trad. Heci Regina Candiani. São Paulo: Boitempo, 2016.

DFID/PNUD. *Programa de Combate ao racismo institucional no Brasil*. Brasília, 2005.

ECO, U. *Como se faz uma tese*. 22. ed. São Paulo: Perspectiva, 2009.

ESPECIAL FAMÍLIAS. Revista *Serviço Social & Sociedade*. Ano XXIII, n. 71. São Paulo: Cortez, 2002.

ESTEVES, P.; SOUZA, L. C. S. *Revista Brasileira de Política Internacional*. v. 54. n. 2. Brasília, 2011. Disponível em: http://dx.doi.org/10.1590/S0034-73292011000200002.

EURICO, M. C. A percepção do assistente social acerca do racismo institucional. *In:* Revista *Serviço Social & Sociedade*, Ano XXXIII, n. 114. São Paulo: Cortez, 2013.

EURICO, M. C. Da escravidão ao trabalho livre: contribuições para o trabalho do assistente social. *SER Social*, Brasília, v. 19, n. 41, p. 414-427, jul.-dez. 2017.

EURICO, M. C. *Preta, preta, pretinha*: o racismo institucional no cotidiano de crianças e adolescentes negras(os) acolhidas(os). Orientadora: Maria Lúcia Silva Barroco. 2018. (Doutorado em Serviço Social) — Pontifícia Universidade Católica de São Paulo, São Paulo, 2018. Disponível em: https://sapientia.pucsp.br/handle/handle/21267. Acesso em: 6 jun. 2020.

EURICO, M. C. *Questão racial e Serviço Social*: uma reflexão sobre o racismo institucional e o trabalho do assistente social. Orientadora: Maria Lúcia Silva Barroco 2011. Dissertação (Mestrado em Serviço Social) — Pontifícia Universidade Católica de São Paulo, São Paulo, 2011.

EURICO, M. C. A luta contra as explorações/opressões, o debate étnico-racial e o trabalho do assistente social. *In:* Revista *Serviço Social & Sociedade*, Ano XXXIII, n. 133. São Paulo: Cortez, 2018.

EURICO, M. C. Juventudes, raça/etnia e usos de drogas. *Revista EMANCIPA*. CRESS/SP, 2018.

EURICO, M. C. O cotidiano das famílias negras: por uma perspectiva antirracista de análise de suas demandas e potencialidades. *Revista EMANCIPA*. CRESS/SP, 2019.

FAPESP. *Revista Pesquisa FAPESP*: Ciência e Tecnologia no Brasil. São Paulo: Plural Editora e Gráfica, outubro 2008, n. 152.

FÁVERO, E. T. *Questão Social e perda do poder familiar*. São Paulo: Veras Editora, 2007.

FÁVERO, E. T.; MELÃO, M. J. R.; JORGE, M. R. T. (org.). *O Serviço Social e a Psicologia no Judiciário*: construindo saberes, conquistando direitos. São Paulo: Cortez, 2008.

FERNANDES, F. *A integração do negro na sociedade de classes:* o legado da raça branca. v. 1. São Paulo: Ática, 1978.

FERNANDES, F. *A integração do negro na sociedade de classes:* no limiar de uma nova era. v. 2. São Paulo: Ática, 1978.

FERNANDES, F. *Significado do protesto negro*. São Paulo: Cortez, 1989.

FERREIRA, C. M. *O negro na gênese do Serviço Social* (Brasil, 1936-1947). 2010. (Mestrado em Serviço Social) — Centro de Filosofia e Ciências Humanas, Escola de Serviço Social, Universidade Federal do Rio de Janeiro, Rio de Janeiro, 2010.

FERREIRA, T. *Os meninos e a rua:* uma interpelação à psicanálise. Belo Horizonte: Autêntica, 2001.

FREYRE, G. *Casa-Grande & Senzala:* formação da família brasileira sob o regime de economia patriarcal. 1. ed. Rio de Janeiro: Maia & Schmidt, 1933. 517p.

GOMES, N. L. *Sem perder a raiz:* corpo e cabelo como símbolos da identidade negra. 2. ed. Belo Horizonte: Autêntica, 2008.

GONZALEZ, L. A mulher negra na sociedade brasileira. *In:* CRUZ, Anette Goldberg Velasco *et al.* MADEL, T. L. (org.). *O lugar da mulher:* estudos sobre a condição feminina. Rio de Janeiro: Graal, 1982.

GONZALEZ, L. Racismo e sexismo na cultura brasileira. *Revista Ciências Sociais hoje.* ANPOCS, 1984, p. 223-244. Disponível em: http://disciplinas.stoa.usp.br/pluginfile.php/247561/mod_resource/content/1/RACISMO%20E%20SEXIS-MO%20NA%20CULTURA%20BRASILEIRA.pdf. Acesso em: 29 jan. 2018.

GUIMARÃES, A. S. A. *Racismo e antirracismo no Brasil.* São Paulo: Editora 34, 1999.

GUIMARÃES, A. S. A.; HUNTLEY, L. *Tirando a máscara:* ensaios sobre o racismo no Brasil. São Paulo: Paz e Terra, 2000.

HELLER, A. *O cotidiano e a história.* Trad. Carlos Nelson Coutinho e Leandro Konder. Rio de Janeiro: Paz e Terra, 2012.

HERNANDEZ, L. L. A invenção da África. *Revista História Viva* — Temas Brasileiros. Presença Negra, n. 3. São Paulo: Ediouro, 2006.

HOBSBAWM, E. J. *A era das revoluções:* Europa 1789-1848. Trad. Maria Tereza Lopes Teixeira e Marcos Penchel. Rio de Janeiro: Paz e Terra, 1977.

HOLANDA, S. B. *Raízes do Brasil.* 7. ed. Rio de Janeiro: José Olympio, 1973.

IAMAMOTO, M. V. *O Serviço Social na Contemporaneidade:* trabalho e formação profissional. 2. ed. São Paulo: Cortez, 1999.

IAMAMOTO, M. V. *Renovação e Conservadorismo no Serviço Social:* ensaios críticos. 9. ed. São Paulo: Cortez, 2007.

IAMAMOTO, M. V. *Serviço Social em tempo de capital fetiche:* capital financeiro, trabalho e questão social. São Paulo: Cortez, 2007.

IAMAMOTO, M. V.; CARVALHO, R. *Relações Sociais e Serviço Social no Brasil:* esboço de uma interpretação histórico-metodológica. 14. ed. São Paulo: Cortez; [Lima, Peru]: CELATS, 2001.

IANNI, O. *A ideia de Brasil moderno.* São Paulo: Brasiliense, 1992.

IANNI, O. *Capitalismo, violência e terrorismo*. Rio de Janeiro: Civilização Brasileira, 2004.

IANNI, O. *Escravidão e racismo*. São Paulo: Hucitec, 1978.

IANNI, O. *Raças e classes sociais no Brasil*. Rio de Janeiro: Civilização Brasileira, 1972.

IBGE. *Sistema IBGE de Recuperação Automática (Sidra)*. Disponível em: http:// www.sidra.ibge.gov.br/.

Inventário dos Lugares de Memória do Tráfico Atlântico de Escravos e da História dos Africanos Escravizados no Brasil. Disponível em: http://www.labhoi. uff.br/sites/default/files/6_inventario_revoltas.pdf.

IPEA. *Dinâmica Demográfica da População Negra — 12/5/2011*. Disponível em: http://www.ipea.gov.br. Acesso em: 10 maio 2016.

IPEA *et al. Retrato das desigualdades de gênero e raça*. 4. ed. Brasília: Ipea, 2011.

IRACI, N.; SOVIK, L. *Diálogos contra o racismo*. Rio de Janeiro: Instituto Brasileiro de Análises Sociais e Econômicas (Ibase), dez. 2004.

JACCOUD, L. O combate ao racismo e à desigualdade: o desafio das políticas públicas de promoção da igualdade racial. *In:* THEODORO, M. (org.). *As políticas públicas e a desigualdade racial no Brasil*: 120 anos após a abolição. Brasília: Ipea, 2008.

JESUS, C. M. *Quarto de despejo*: diário de uma favelada. 10. ed. São Paulo: Ática, 2014.

LACERDA, J. B. *Sur les métis au Brésil, Congrès Universel des Races*. Paris: Imprimerie Devouge. Disponível em: http://www.fflch.usp.br/sociologia. Acesso em: 10 jan. 2016.

LACERDA, J. B. *O Congresso Universal das Raças reunido em Londres (1911)*: apreciação e comentários. Rio de Janeiro: Museu Nacional, UFRJ, 1912. Disponível em: http://www.obrasraras.museunacional.ufrj.br.

LOPES, F.; QUINTILIANO, R. Racismo Institucional e o Direito Humano à Saúde. *Democracia Viva*, n. 34. jan./mar. 2007. Disponível em: http://www.ibase.br. Acesso em: 10 jan. 2016.

LÓPEZ, L. C. O conceito de racismo institucional: aplicações no campo da saúde. *Revista Interface* — Comunicação, Saúde, Educação, v. 16, n. 40, p. 121-134, jan./ mar. 2012.

LUKÁCS, G. *Para uma ontologia do ser social I*. Trad. Carlos Nelson Coutinho, Mario Duayer e Nélio Schneider. São Paulo: Boitempo, 2013.

MACHADO, E. (org.). *Da África e sobre a África*: textos de lá e de cá. São Paulo: Cortez, 2012.

MARINGONI, Gilberto. História: O destino dos negros após a Abolição. *Revista IPEA*. Desafios do Desenvolvimento, 2011, Ano 8, 70. ed., 29 dez. 2011.

MARQUES JR., J. S. *Questão Racial e Serviço Social*: uma análise de sua produção teórica no pós-Durban. Disponível em: http://www.neabuerj-proafro.com.br/arq/questao_joilson.pdf/05/01/2011.

MARTINELLI, M. L. Os métodos na pesquisa. A pesquisa qualitativa. *Temporalis*, Revista da Associação Brasileira de Ensino e Pesquisa em Serviço Social — ABEPSS/Pesquisa e conhecimento em Serviço Social, Ed. Universitária da UFPE, Recife, ano 5, n. 9, jan./jun. 2005.

MARX, K. *O Capital*. Livro 1: O processo de produção do Capital. Capítulo 5: O processo de trabalho e o processo de valorização. Trad. Rubens Enderle. 2. ed. Coleção: Marx & Engels. v. I. São Paulo: Boitempo, 2013.

MARX, K. *A questão judaica*. Trad. Silvio Donizete Chagas. 4. ed. São Paulo: Centauro, 2002.

MARX, K. *Manuscritos econômico-filosóficos e outros textos escolhidos*. Trad. José Carlos Bruni *et al*. 2. ed. São Paulo: Abril Cultural, 1978.

MARX, K. Para a crítica da economia política. *In: Manuscritos econômico-filosóficos e outros textos*. Trad. Edgar Malagodi e José Arthur Gianotti. São Paulo: Abril Cultural, 1978.

MARX, K.; ENGELS, F. *A ideologia alemã*. São Paulo: Boitempo, 2007.

MDS/FIOCRUZ. Levantamento nacional das crianças e adolescentes em serviço de acolhimento. *In:* ASSIS, S. G. de; FARIAS, L. O. P. (org.). São Paulo: Hucitec, 2013. Disponível em: http://aplicacoes.mds.gov.br/sagi/dicivip_datain/ckfinder/userfiles/files/LIVRO_Levantamento%20Nacional_Final.pdf. Acesso em: 28 jul. 2016.

MENDONÇA, L. F. M. *Movimento Negro:* da marca da inferioridade racial à construção da identidade étnica. Orientador. Maria Lucia Aparecida Montes 1996. Dissertação (Mestrado) — Faculdade de Filosofia, Letras e Ciências Humanas, Universidade de São Paulo, São Paulo, 1996.

MENEZES, F. C. Repensando a funcionalidade do racismo para o capitalismo no Brasil contemporâneo. *Libertas*. Revista da Faculdade de Serviço Social da Universidade Federal de Juiz de Fora, v. 13, n. 1, 2013.

MÉSZÁROS, I. *Filosofia, ideologia e ciência social:* ensaios de negação e afirmação. Trad. Laboratório de Tradução do Cenex/Fale/UFMG. São Paulo: Ensaio, 1993.

MÉSZÁROS, I. *O poder da ideologia.* São Paulo: Boitempo, 2012.

MINAYO, M. C. S. *O desafio do conhecimento:* pesquisa qualitativa em saúde. São Paulo: Hucitec, 2002.

MINISTÉRIO DA SAÚDE (MS). *Programa Estratégico de Ações Afirmativas:* População Negra e AIDS. Brasília, DF, 2005. Disponível em: http://www.aids.gov.br.

MONTENEGRO, A. T. *Abolição.* São Paulo: Ática, 1988.

MOTTA, M. A. P. *Mães abandonadas:* a entrega de um filho em adoção. 4. ed. São Paulo: Cortez, 2015.

MOURA, C. *Dialética radical do Brasil negro.* São Paulo: Anita, 1994.

MOURA, C. *Os quilombos e a rebelião negra.* 6. ed. São Paulo: Brasiliense, 1986.

MOURA, C. *Rebelião da senzala.* 3. ed. São Paulo: Ciências Humanas, 1981.

MOURA, C. *Sociologia do negro brasileiro.* São Paulo: Ática, 1988.

MUNANGA, K. *Rediscutindo a mestiçagem no Brasil:* identidade nacional *versus* identidade negra. Belo Horizonte: Autêntica, 2004.

NABUCO, J. *Que é abolicionismo?* Seleção de Evaldo Cabral de Mello. São Paulo: Penguim Clássico, 2011.

NETTO, J. P. *Capitalismo e reificação.* São Paulo: Ciências Humanas, 1981.

NETTO, J. P. *Capitalismo monopolista e Serviço Social.* 4. ed. São Paulo: Cortez, 2005.

NETTO, J. P. *Ditadura e Serviço Social:* uma análise do Serviço Social no Brasil pós-64. 6. ed. São Paulo: Cortez, 2002.

NETTO, J. P. *Introdução ao método da teoria social.* Disponível em: https://pcb.org. br/portal/docs/int-metodo-teoria-social.pdf. Acesso em: 6 ago. 2016.

NETTO, J. P. *O que é Marxismo.* São Paulo: Brasiliense, 2006.

NETTO, J. P. Para a crítica da vida cotidiana. *In:* CARVALHO, M. C. B.; NETTO, J. P. *Cotidiano:* conhecimento e crítica. 7. ed. São Paulo: Cortez, 2007.

NIMROD. *Rosa Parks:* não à discriminação racial. Trad. Marcos Bagno. São Paulo: Edições SM, 2009.

OGOT, B. A. *História geral da África, V*: África do século XVI ao XVIII. Brasília: Unesco, 2010.

OLIVEIRA, F. *Saúde da população negra*: Brasil, ano 2001. Brasília: Organização Pan-Americana da Saúde, 2003.

PAIXÃO, M.; CARVANO, L. M. (org.). *Relatório anual das desigualdades raciais 2007-2008*. Rio de Janeiro: Garamond, 2008.

PEITER, C. *Adoção*: vínculos e rupturas: do abrigo à família adotiva. São Paulo: Zagodoni Editora, 2011.

PINSKY, J. *A escravidão no Brasil*. São Paulo: Contexto, 2001.

PINSKY, J.; ELUF, L. N. *Brasileiro(a) é assim mesmo*: cidadania e preconceito. 3. ed. São Paulo: Contexto, 1996.

PINTO, E. A. *O Serviço Social e a questão étnico-racial*: um estudo de sua relação com usuários negros. São Paulo: Terceira Margem, 2003.

PINTO, E. A. *Mulher negra e o emprego doméstico*: a travessia pelo século XX e as novas perspectivas para o século XXI. mar. 2012. Disponível em: https://www.geledes.org.br/mulher-negra-e-o-emprego-domestico-a-travessia-pelo-seculo-xx--e-as-novas-perspectivas-para-o-seculo-xxi/. Acesso em: 19 ago. 2017.

PRADO JR., C. *Evolução Política do Brasil e outros estudos*. 4. ed. São Paulo: Brasiliense, 1963.

PRÉVOT, F. *Wangari Maathai, a mulher que plantou milhões de árvores*. Trad. Janaina Senna, ilustrações Aurélia Fronty. Rio de Janeiro: Galerinha Record, 2013.

RAMOS, A. *A aculturação negra no Brasil*. São Paulo: Editora Nacional, 1942.

RIBEIRO, E.; BARBOSA, M. (org.). *Cadernos Negros*: três décadas: ensaios, poemas, contos. São Paulo: Quilombhoje; Seppir, 2008.

RIBEIRO, M. As abordagens étnico-raciais no Serviço Social. *In*: Revista *Serviço Social & Sociedade*, Ano XXV, n. 78. São Paulo: Cortez, 2004.

RIZZINI, I. (coord.). *Acolhendo crianças e adolescentes*: experiências de promoção de direito à convivência familiar e comunitária no Brasil. São Paulo: Cortez; Brasília, DF: Unicef; Ciespi; Rio de Janeiro: PUC-Rio, 2006.

ROCHA, R. F. A questão étnico-racial no processo de formação em Serviço Social. *In*: Revista *Serviço Social & Sociedade*, Ano XXX, n. 99. São Paulo: Cortez, 2009.

RODRIGUES, R. N. As raças humanas e a responsabilidade penal no Brasil [online]. Rio de Janeiro: Centro Edelstein de Pesquisa Social, 2011, 95p. ISBN 978-85-7982-075-5. Disponível em: SciELOBooks <http://books.scielo.org>. Acesso em: 30 jan. 2017.

ROMÃO, J. (org.). *História da educação do negro e outras histórias*. Brasília: Ministério da Educação, Secretaria de Educação Continuada, Alfabetização e Diversidade, 2005.

SAFFIOTI, H. I. B. *O poder do macho*. 12. ed. São Paulo: Moderna, 1987.

SAMPAIO, Maria Clara Sales Carneiro. *Fronteiras negras ao sul*: a proposta dos Estados Unidos de colonizar a Amazônia brasileira com afrodescendentes norte-americanos na década de 1860. Dissertação (Mestrado em História Social) — Faculdade de Filosofia, Letras e Ciências Humanas, Universidade de São Paulo, São Paulo, 2009.

SANTOS, J. R. *O que é racismo*. São Paulo: Abril Cultural; Brasiliense, 1984.

SANTOS, S. A. (org.). *Ações afirmativas e combate ao racismo nas Américas*. Brasília: Ministério da Educação/Unesco, 2005.

SANTOS, S. M. de M. dos. Diversidade sexual: fonte de opressão e de liberdade no capitalismo. *Revista Argumentum*, Vitória, v. 9, n. 1, p. 8-20, jan./abr. 2017. Disponível em: file:///C:/Users/Henrique/Downloads/Dialnet-Diversidade-Sexual-artigo%20Silvana%20Mara.pdf.

SARTI, C. A. *A família como espelho*. Um estudo sobre a moral dos pobres. Campinas: Autores Associados, 1996. (*A família como espelho*. Um estudo sobre a moral dos pobres. São Paulo: Cortez, 2003).

SEYFERTH, G. Colonização, imigração e questão racial no Brasil. *Revista USP*, n. 53, p. 117-149, mar.-maio/2002.

SCHUCMAN, L. V. Sim, nós somos racistas: estudo psicossocial da branquitude paulistana. *Psicologia & Sociedade*, 26(1), 2014.

SCHUCMAN, L. V. *Entre o encardido, o branco e o branquíssimo*: branquitude, hierarquia e poder na cidade de São Paulo. São Paulo: Annablume, 2014b.

SCHWARCZ, L. M. *Nem preto, nem branco, muito pelo contrário*: cor e raça na sociedade brasileira. São Paulo: Claro Enigma, 2012.

SCHWARCZ, L. M. *O espetáculo das raças*: cientistas, instituições e questão racial no Brasil 1870-1930. São Paulo: Companhia das Letras, 1993.

SECRETARIA ESPECIAL DE POLÍTICAS DE PROMOÇÃO DA IGUALDADE RACIAL (SEPPIR). Política Nacional de Saúde Integral da População Negra. Brasília, 2007. Disponível em: http://bvsms.saude.gov.br.

SENADO FEDERAL. Adoção: mudar um destino. *Revista Em Discussão*. Revista de Audiências Públicas do Senado Federal. Brasília/DF. Ano 4, n. 15 maio de 2013. Disponível em: http://www12.senado.leg.br/jornal/revista-em-discussao. Acesso em: 27 jul. 2016.

SEPPIR/CONAPIR. Subsídios à II Conferência Nacional de Promoção da Igualdade Racial. Brasília, 2009.

SERRANO, C.; WALDMAN, M. *Memória D'África*: a temática africana em sala de aula. 3. ed. São Paulo: Cortez, 2010.

SEVERINO, A. J. *Metodologia do trabalho científico*. 22. ed. São Paulo: Cortez, 2002. (*Metodologia do trabalho científico*. 23. ed. rev. e atual. São Paulo: Cortez, 2017).

SILVA, L. (Cuti). *Cadernos Negros n. 8*. São Paulo: Ed. dos Autores, 1985.

SILVA, M. N. *Nem para todos é a cidade*: segregação urbana e racial em São Paulo. Brasília, DF: Fundação Cultural Palmares, 2006.

SILVA, M. O. S. Trinta Anos da Revista Serviço Social & Sociedade: contribuições para a construção e o desenvolvimento do Serviço Social no Brasil. *In:* Revista *Serviço Social & Sociedade*, Ano XXX, n. 100. São Paulo: Cortez, 2009.

SILVA, M. O. S.; CARVALHO, D. B. B. (org.). *Serviço Social, pós-graduação e produção de conhecimento no Brasil*. São Paulo: Cortez, 2005.

SILVA FILHO, J. B. O *Serviço Social e a questão do negro na sociedade brasileira*. Rio de Janeiro: Marques Saraiva, 2006.

SILVA FILHO, J. B. O negro e o curso de Serviço Social da UFF. *In: Revista África e Africanidades*. Ano I, n. 2, 2008. Disponível em: www.africaeafricanidades.com.

SILVA JR., H.; TEIXEIRA, D. (org.). *Discriminação racial na infância é sinônimo de maus-tratos*: a importância do ECA para a proteção das crianças negras. São Paulo: Centro de Estudos das Relações de Trabalho e Desigualdades (Ceert), 2016.

SILVEIRA, A. M. *Adoção de crianças negras*: inclusão ou exclusão? São Paulo: Veras Editora, 2005.

SZYMANSKI, H. Viver em família como experiência de cuidado mútuo: desafios de um mundo em mudança. *In:* Revista *Serviço Social & Sociedade*, Ano XXIII, n. 71. São Paulo: Cortez, 2002.

TAVARES, J. A cor da indignação. *Revista História Viva* — Temas Brasileiros. Presença Negra, n. 3. São Paulo: Ediouro, 2006.

TEIXEIRA, D. Adoção de crianças negras e o enfrentamento ao racismo na infância. *In:* SILVA JR., H.; TEIXEIRA, D. (org.). *Discriminação racial na infância é sinônimo de maus-tratos*: a importância do ECA para a proteção das crianças negras. São Paulo: Centro de Estudos das Relações de Trabalho e Desigualdades (Ceert), 2016.

THEODORO, M. (org.) *As políticas públicas e a desigualdade racial no Brasil*: 120 anos após a abolição. Brasília: Ipea, 2008.

TRAD, L. A. B. Grupos focais: conceitos, procedimentos e reflexões baseadas em experiências com o uso da técnica em pesquisa de saúde. *Physis: Revista de Saúde Coletiva*, Rio de Janeiro, v. 19, n. 3, 777-796, 2009.

TRINDADE, J. D. L. *História social dos direitos humanos*. São Paulo: Peirópolis, 2002.

UNICEF. Fundo das Nações Unidas para a Infância. *O impacto do racismo na infância*. Brasília: Unicef, 2010.

VALENTE, A. L. E. F. *Ser negro no Brasil hoje*. 11. ed. São Paulo: Moderna, 1994.

VIEIRA, E. *Os direitos e a política social*. 2. ed. São Paulo: Cortez, 2007.

LEIA TAMBÉM

**JOVENS NEGROS NO BRASIL
civilização e barbárie**

*Coleção Questões da nossa época
volume 60*

Graziela de Oliveira

1ª edição (2017)
120 páginas
ISBN 978-85-249-2549-8

A Polícia Militar encara jovens negros como potenciais bandidos ou elementos perturbadores da ordem pública.

Policiais não brancos, que usam de violência contra a população negra, muitas vezes, eles mesmos são vítimas de discriminação na infância e na juventude; o sofrimento do passado pode manifestar-se em transtorno de conduta quando munidos de uma arma diante de um jovem negro.

Psicólogos, sociólogos e cientistas, ao se debruçarem sobre esta problemática, podem contribuir para avançar nas pesquisas sobre o complexo casual da violência do negro contra o negro.